기독교문서선교회(Christian Literature Center: 약칭 CLC)는 1941년 영국 콜체스터에서 켄 아담스에 의해 시작되었으며 국제 본부는 미국 필라델피아에 있습니다. 국제 CLC는 59개 나라에서 180개의 본부를 두고, 약 650여 명의 선교사들이 이동도서차량 40대를 이용하여 문서 보급에 힘쓰고 있으며 이메일 주문을 통해 130여 국으로 책을 공급하고 있습니다. 한국 CLC는 청교도적 복음주의 신학과 신앙서적을 출판하는 문서선교기관으로서, 한 영혼이라도 구원되길 소망하면서 주님이 오시는 그날까지 최선을 다할 것입니다.

세 교회의 교회학교
부흥 이야기

The Revival of Church Schools in Three Churches
Written by Young su Kim
All rights reserved.
Korean Edition Copyright ⓒ 2023 by Christian Literature Center, Seoul, Korea.

세 교회의 교회학교 부흥 이야기

2023년 12월 20일 초판 발행

지 은 이 | 김영수

편 집 | 임동혁
디 자 인 | 박성준, 이승희
펴 낸 곳 | (사)기독교문서선교회
등 록 | 제16-25호(1980. 1. 18.)
주 소 | 서울특별시 동대문구 천호대로71길 39
전 화 | 02-586-8761~3(본사) 031-942-8761(영업부)
팩 스 | 02-523-0131(본사) 031-942-8763(영업부)
이 메 일 | clckor@gmail.com
홈페이지 | www.clcbook.com
송금계좌 | 기업은행 073-000308-04-020 (사)기독교문서선교회
일련번호 | 2023-118

ISBN 978-89-341-2630-0 (03230)

이 책의 출판권은(사)기독교문서선교회가 소유합니다.
신저작권법에 의하여 한국 내에서 보호받는 저작물이므로 무단 전재와 무단 복제를 금합니다.

성장하는 교회의 교회학교 탐방기

세 교회의 교회학교 부흥 이야기

김영수 지음

『한국 교회 트렌드 2023』
"플로팅 크리스천", "SBNR"의 저자가
 직접 탐방해서 집필한
'성공하는 한국 교회 교회학교 사례집'

CLC

목차

서문   6

제1부 김포 두란노교회   13
1. 교회의 입지와 현황   13
2. 교회 소개   15
3. 교회 공간 심리학   16
4. 욕구와 거부감   25
5. 교회 홍보   38
6. 영적인 추억   44
7. 성공 포인트 요약   50

제2부 논산 한빛교회   53
1. 교회의 입지와 현황   53
2. 교회 소개   55
3. 호기심: 영적 여정의 시작점   56
4. 은신처   64
5. 친밀감   72
6. 매력적인 전도 전략   80
7. 성공 포인트 요약   88

제3부 함께하는 교회   91

1. 교회의 입지와 현황   91
2. 교회 소개   92
3. 신앙의 트리클 다운(Trickle Down, 낙수 효과)   94
4. 키즈 넛지(Kid's Nudge: 아이의 쿡 찌르기)   103
5. 어린이 행복 지수   111
6. 힐링   117
7. 눈높이를 맞춘 목회   125
8. 성공 포인트 요약   132

제4부 평신도 탐구   135

1. 교회 선택 이유   135
2. 밥   141
3. 교회의 지향과 교회학교   145
4. 예산   154
5. 영적인 교육   158
6. 개방성   163
7. 재미, 따뜻함, 신앙   168
8. 지역성   172

서문

『한국 교회 트렌드 2023』을 쓴 후, 여러 교회의 초청을 받아 다음의 주제를 가지고 강의를 했었다. 이전에 내가 쓴 글에서 말한 '플로팅 크리스천'과 'SBNR'(Spiritual but not Religious: 영적이지만 종교적이지 않은- 영적인 것에 관심은 있으나 교회와 같은 제도 종교를 싫어하는 것을 말함)에 관한 강의인데, 사실 교회학교와 상관이 없는 부분이다.

강의를 준비하면서, 플로팅 크리스천에 대한 통계를 다시 들여다보니 플로팅 크리스천들 가운데 3040이 많다는 걸 알았다. 갑자기 교회학교가 빨리 회복되지 못하는 이유가 이것 때문이라는 확신도 들었다. 3040은 교회학교 부모세대인데 그 세대가 가장 많이 교회에 오지 않고 있었고, 자연스럽게 아이들도 교회를 나오지 않는다고 생각했다.

교회 갈 때 같은 차량을 이용하는 가정이 많아지면서, 특히 수도권이나 대도시에서는 부모와 자녀가 함께 이동한다. 그러므로 부모가 교회에 오지 않으면 아이들도 올 수 없다. 반대의 경우도 마찬가지이다. 아이가 아프거나 교회에 올 수 없는 상황이면 부모도 올 수 없다. 혼자 있을 수 있는 연령대의 아이가 아니면 그 아이를 돌봐 줄 사람이 있어야 한다. 그렇지 않으면 부모 중 한 명은 집에 있어야 한다.

초반기에는 코로나 백신을 맞지 않은 아이들이 교회 예배에 참석하는 것을 꺼리는 부모들이 많았다. 그래서 3040 가운데 많은 인원이 교회에 올 수 없었을 것이다. 하지만 2022년 사회적 거리 두기가 해제된 시점에서 아이들이 학교는 갔지만, 교회는 오지 않았다. 그리고 3040도 다른 연령대에 비해 예배 참석률이 저조했다. 『한국 교회 트렌드 2023』을 쓰기 위해 조사한 통계에 의하면, 당시 70.6퍼센트의 어른들은 예배를 드리기 시작했지만, 교회학교 예배 참석률은 47.0퍼센트였다.

코로나 전에는 30대의 81.7퍼센트가 예배를 드렸지만, 2022년 사회적 거리 두기가 해제된 직후 30대는 63.7퍼센트로 가장 적게 참석했다. 다음으로 예배 참석률이 저조한 연령대가 40대였는데, 이들은 코로나 전에도 74.9퍼센트가 참석했으나, 사회적 거리 두기가 해제되고 65.0퍼센트로 떨어졌다. 이 두 그룹은 다른 연령대에 비해 예배 참석률이 가장 저조했다. 교회학교 부모세대들이 있는 3040이 예배 참석을 하지 않고 있었다.

그래서 목회자들과 교회 현장에서는 교회학교에 대한 걱정이 많았다. 코로나를 겪으면서 전국적으로 교회학교가 반토막이 났기 때문이다. 교회는 코로나 전에도 출생 인구 감소로 인한 교회학교의 감소를 어느 정도 예상하고 있었다. 그러나 코로나 전에는 그래도 교계에서 막연하게 '아직은 대비할 시간이 있다'라고 낙관하고 있었다. 그런데 갑자기 코로나가 왔고, 교회학교의 상황은 우리가 예상했던 것보다 더욱 심각해졌기에, 많은 목회자가 어떻게 교회학교를 다시 세워야 할지에 대해 고민했다.

그래서 목회자들이 고민하는 부분들을 보며 이 주제에 관한 책을 써 봐야겠다고 생각했다. 처음에는 여러 교회를 탐방하고 쓰려고 했는데 여력이 되지 않았다. 그리하여 '세 교회'만 탐방하기로 했다.

이 책은 '성장하는 교회의 교회학교 탐방기'이다. 객관적인 데이터 분석을 시도한 책이라기보다 개인적으로 방문하고 느낌을 쓴 글이다. 따라서 학문적인 내용으로 분석한 책은 아니다. 이 교회들이 왜 성장했을지를 고민하면서 나름대로 원인을 생각하여 써 본 책이다.

이 책을 쓰기 위해 인터뷰와 참여 관찰이라는 질적 연구를 사용했다. 통계가 양적 연구라면 인터뷰와 참여 관찰은 질적 연구에 들어가는데 질적 연구와 양적 연구는 각각 장단점이 있다. 양적 연구는 많은 사람의 생각과 의견을 들을 수 있는 장점이 있는 대신 세부적인 이야기를 듣지 못한다. 반면에, 질적 연구는 세부적인 이야기를 들을 수는 있지만 데이터가 부족해 전반적인 사람들의 생각을 수치화시킬 수는 없다.

그래서 연구를 할 때 두 가지를 접목해 많이 사용하는데 이 주제는 통계보다 질적 연구가 더 낫다고 생각했다. 자신의 교회 교회학교가 왜 성장했는지에 대한 이유를 물으면 사람들은 한정된 질문에 답해야 한다. 질문자가 예상한 한도 내에서만 답을 하게 된다. 그래서 인터뷰를 선택했다. 하지만 각 주제와 관련하여 필요한 통계는 책 곳곳에 사용했다.

이 책을 쓰기 위해서 세 곳의 교회를 선택했는데, 선택할 때의 기준은 성장률과 지역적 특성, 교회 규모 등을 생각했다. 정보력의 한계가 있는 건 사실이지만, 내가 생각했을 때 살펴볼 만한 교회라고 생각한 교회들이다. 이 책에 선택된 교회들은 1,000명 이하의 교회들이다. 교회 규모를 아주 중요하게 생각한 것은 아니었지만, 그래도 2,000명 이상의 중·대형 교회가 없는 이유는 다음과 같은 두 가지 때문이다.

첫째, 중·대형 교회들 가운데 코로나 기간에 교회학교가 눈에 띄게 성장한 교회를 듣지 못했다. 이것은 내 정보력의 한계일 수도 있다.

둘째, 중·대형 교회는 소형 교회들이 응용하기에는 너무 힘든 부분들이 있기 때문이다.

한국 교회의 70-80퍼센트가 소형 교회들인 것을 고려했을 때, 자원과 재정의 규모가 큰 중·대형 교회를 보는 것이 무슨 의미가 있을까를 고민했다. 물론, 규모가 있어도 눈에 띄게 성장했거나 장년 대비 교회학교가 큰 경우 살펴볼 필요가 있겠지만, 사실 나는 그런 교회를 찾지 못했다. 수소문해서 평신도들이 추천한 교회를 살펴보고 연락했지만, 알아보니 소문과는 달랐다. 그 외에도 소문을 듣고 몇몇 교회에 연락했지만 여러 가지를 살펴본 결과 이 책의 취지와는 맞지 않는다는 결론을 내렸다.

어떤 교회는 지역이 같아서 배제한 곳도 있었다. 왜냐하면, 다른 지역을 보고 싶어서였다. 너무 작은 장년 50명 미만의 교회도 배제했다.

거기에서 아이들이 100-200퍼센트 늘었다고 해도 숫자의 증가가 경미해서 장년 100명 이상의 교회를 찾았다. 특별히 선호한 수도권이나 지방 교회는 없었지만 선택하다 보니 대도시 두 곳과 지방 한 곳이 되었다.

교회를 선정하고 사실 굉장히 오랫동안 망설였다. 이런 책은 처음 쓰는 것이고, 나는 내성적인 성격이어서 모르는 사람들을 만나야 하는 것이 부담스러웠다. 교회에 탐방하기 전에 많은 생각을 했다.

교회학교가 거기서 거기가 아닐까?

교회학교들을 살펴보는 게 무슨 의미가 있을까?

여러 생각이 들었다. 그러다가 2023년 4월 그냥 한 번 방문해 보기로 했고, 첫 번째 방문한 교회가 김포 두란노교회였다. 그런데 그 곳은 생각과 달리 흥미로웠다. 그래서 다른 두 교회도 가 보기로 했다.

이렇게 방문하고 자료를 수집했는데 4월부터 6월까지 약 3개월 동안 진행했고, 담임목사들, 부교역자들, 평신도들, 아이들 모두 합해 총 29명과 대화를 나누었다. 이 교회들은 각각 다른 방식으로 목회를 하고 있었는데, 이 교회는 이 교회대로, 저 교회는 저 교회대로 매력적이었다. 그리고 효과적인 교회학교 사역과 교회학교 사역의 본질을 생각하게 만들어 주었다.

나는 개인적으로 세 교회의 교회학교를 보며 많은 것을 배웠다. 이 교회들을 보기 전에는 다음과 같이 막연하게 생각했었다.

성장하는 교회는 모든 것이 잘 갖추어진 규모가 있는 교회이다!

엄청나게 많은 재정을 투입해야 한다!

좋은 프로그램이 있어야 한다!

그런데, 이 세 교회를 직접 보니 달랐다. 물론, 재정을 투입한 것은 맞았으나, 아이들을 위한 좋은 프로그램이라는 것에 대해 구체적으로 생각해 본 적은 없었다. 그래서 이 세 교회를 방문하며 재미있었고, '내가 이런 교회학교에 다녔다면 정말 재미있었겠다'라고 생각했다.

나는 많은 한국 교회와 교회학교 사역자, 그리고 교사가 이 책에 나온 교회들을 통해 뭔가를 볼 수 있는 계기가 되었으면 좋겠다. 그리고 하나라도 도움이 될 만한 무언가가 있었으면 좋겠다. "교회학교가 위기이니 포기하자"가 아니라 **"다시 해 보자"**라고 생각을 바꾸며 외쳤으면 좋겠다. "이미 교회학교가 없어졌으니 우리 교회는 어떻게 할 수가 없다"가 아니라 **"처음부터 다시 해 보자"**라고 바뀌었으면 좋겠다. 이 책을 쓰면서 그렇게 기도했었다.

이 『세 교회의 교회학교 부흥 이야기』는 그냥 어쩌다 성공한 이야기가 아니다. 이것은 이 시대의 교회학교 아이들이 무엇을 원하고, 우리가 어떻게 교육해야 하는지 생각하게 한다.

이 교회들이 공통으로 가지고 있는 성공 요인들도 있었다. 그래서 어떤 부분은 내용이 중복되는 것처럼 느껴질지도 모르지만, 그 내용은 그 교회의 성공 요인이라고 생각했기 때문에 부득이하게 넣은 것도 있다. 그러나 최대한 중복된 내용은 피하려고 했다. 분석 분야를 추가했는데, 내용상 세 교회의 이야기 속에 넣을 수는 없었지만, 재미있었던 것들, '목사들이 생각해 봤으면 좋겠다'라고 생각한 평신도들의 이야기, 그리고 공통으로 들어가 있는 내용을 통합적으로 마지막에 정리했다.

  처음에는 나도 다른 사람들처럼 그 교회들이 어떤 프로그램을 실행해서 '이 교회학교가 성공했다'라고 생각했다. 그런데 자세히 보니 교회학교 사역은 독립되어 있지 않았고, 교회학교 사역은 전체 교회 목회와 맞물려 있었다. 그리고 그 바탕에서 꽃을 피웠다.

  한 프로그램의 성공이 교회학교 사역의 성공으로 이어지지 않을지도 모른다는 결론도 냈다. 그리고 나는 이 책에서 그런 점을 보여 주고 싶었다. 물론 여기에 소개된 교회들이 하던 모든 프로그램은 다른 현장에서 응용해 볼 만하다. 그러나 소개된 그 프로그램이 다른 교회에서 동일하게 효과적이지 않을 수도 있다. 왜냐하면, 교회마다 공동체가 가지고 있는 성격과 문화가 다르고, 지역 사회가 다르므로 똑같은 효과가 나타나지 않을 수 있기 때문이다.

  이 책을 통해 나는 교회들이 교회학교를 다시 생각해 보고, 진정한 새로운 부흥의 역사를 썼으면 좋겠다.

제1부

김포 두란노교회

1. 교회의 입지와 현황

김포 두란노교회는 교회 예배당이 두 개다. 하나는 강서구 방화동에 위치해 있고, 또 다른 하나는 경기도 김포시에 있다. 원래 두란노교회는 방화동에서 개척한 교회였다. 교회가 재개발로 매각되고, 매각 대금을 상가와 현금으로 받게 되었다. 방화동 상가 건물에 교회가 있고, 4년 전 새로운 교회를 김포시 운양동에 세웠다.

현재 교인은 방화 예배당에 장년 300명, 어린이 100명, 청소년 40명 정도가 모이고 있고, 운양 예배당에 장년 500명, 어린이 200명, 청소년 50명이 모이고 있다. 그러니, 두 예배당을 합해서 장년 800명, 교회학교 390명 정도 된다.

운양 예배당은 만 4년이 된 교회지만, 코로나 중에도 계속 성장한 곳이다. 반면, 방화 예배당은 최근 인구 유출로 인해 다소 정체된 예배당이다. 전체적으로 코로나 이전 대비 교회학교는 30퍼센트 정도 성장했고, 계속 성장하고 있다.

방화에 있는 예배당은 김포공항 근처 주택가에 자리 잡고 있다. 교회가 있는 곳 주위에 아파트 단지는 없고, 일반 주택들만 있다. 방화 1동은 인구도 2019년 45,865명에서 2023년 42,512명으로 줄어들고 있는 지역이다. 이 지역은 근처 마곡역에서 약 5분 정도 거리에 있기는 하지만, 김포공항이 가까이 있고, 마곡지구가 상업지구이기 때문에 주거지가 발달한 지역은 아니며, 주민의 18.1퍼센트가 20세 미만으로 구성된 지역이다.

반면에, 김포 신도시는 인구가 꾸준히 유입되어 2020년 49,369명에 이르렀고, 현재까지 인구 변동이 크게 없는 신도시이다. 운양에 있는 예배당 역시 입지는 방화 예배당과 유사하게 약 190세대가 있는 일반 주택가 입구에 있다. 가장 가까운 아파트는 걸어서 10분, 차로는 5분 안에 있지만, 교회가 아파트 단지들 초입에 있어서 인근 아파트 단지와 거리가 꽤 되고, 가장 가까운 아파트를 제외하고 걸어가기는 다소 부담스러운 곳에 있다. 운양동의 경우, 인구의 25.8퍼센트가 20세 미만으로 방화동보다 20세 미만 인구 비율은 더 높다.

두 예배당 모두 인구가 밀집된 아파트 단지 근처에 있지는 않다. 둘 다 일반 주택이 있는 지역에 자리 잡고 있고, 접근성이 아주 뛰어난 곳에 있다고 할 수는 없다. 그런데 이 교회의 교회학교가 성장하고 있다. 이례적인 것은 코로나가 터진 해인 2019년 5월에 개척한 운양 예배당의 교회학교는 코로나 중에도 계속 성장했다는 것이다.

2. 교회 소개

두란노교회는 1995년 5월 서울 강서구 방화동에서 이상문 목사 부부가 개척한 교회이다. 개척한 후, 부부는 18년간 하루도 빠지지 않고 전도와 기도를 했다. 그 결과 교회는 계속해서 성장했다. 그러나 어느 순간 열심히 전도함에도 불구하고 교인 수는 줄어들었고, 특히 300명 이상의 아이들이 출석하던 교회학교가 200명대까지 떨어지기 시작했다.

이에 대해 이상문 목사는 원인을 분석하기 시작했고, 그 원인이 교인들의 이사라는 것을 발견했다. 방화동에서 운양까지는 통근이 가능한 지리적 여건을 가지고 있었기 때문에 김포 신도시는 방화동 주민들이 많이 이사하는 곳이었고, 두란노교회 교인들도 최근 몇 년 동안 매년 약 100여 명이 김포 쪽으로 이사를 했다.

그러던 중, 교회가 재개발 지역으로 들어가게 되고, 교회는 매각 대금으로 상가 건물과 현금을 받게 되었다. 상가 건물에는 기존 교회를 이전해 계속 예배를 드렸고, 받은 현금으로 운양에 교회를 개척했다. 방화에 교인들이 예배를 드리러 운양까지 올 수 없었기 때문에 방화동 교회는 예배를 종전대로 드리고 방화동에서 가장 빨리 갈 수 있는 김포 신도시 초입에 종교 대지를 매입했다. 그래서 김포 두란노교회는 신도시 초입에 자리하게 되었다. 주일 1부예배는 운양, 2부예배는 방화, 3부예배는 운양 순으로 예배를 인도하고 있다. 주일에 차로 약 15분 정도 걸리는 거리를 이상문 목사는 예배 때마다 이동하며 사역하고 있다.

김포 두란노교회 운양 예배당은 2019년 5월에 분리 개척한 교회로, 방화동 교회에서 20가정이 함께 이주해 세운 교회였다. 함께 온 20가정의 교인들은 주로 교회의 핵심 구성원들로 김포 두란노교회를 세우는 데 많은 힘이 되었다고 한다. 그때 20가정 안에는 약 15명 정도의 교회학교 아이들이 있었고, 김포 두란노교회 운양 예배당의 교회학교는 그 15명에서 시작되었다.

3. 교회 공간 심리학

김포 두란노교회 교회학교 부흥에 관한 이야기를 분석하면서 나는 언뜻 '리테일러'(소매상)에 대한 내용이 떠올랐다. 허브 소렌슨(Herb Sorensen)이 쓴 『구매를 결정하는 고객의 심리』라는 책에서 그는 CU 편의점과 같은 리테일러에 대한 분석을 했는데, 35년 동안 매장 안에서 일어나는 구매자들의 행동, 동기 유발, 구매 시점에 관한 연구를 했다. 그에 의하면, 리테일러 매장은 아무 곳에나 개업하지 않고, 사람의 왕래가 빈번한 곳에 세우게 되는데, 고객이 많이 다니는 곳에 개업하기 위해서 인구 통계와 교통 패턴을 조사한다.

한국적 상황에서는 아마도 대형 마트가 없고, 인구가 밀집해 있는 곳이거나, 주유소, 고속도로 휴게소와 같이 사람들이 들를 법한 곳에 리테일러 매장을 개업할 것이다. 리테일러 매장을 개업할 때 가장 중요한 것은 바로 '입지'이다. 그런데 그런 입지의 중요성은 고객이 매장 안으로 들어오는 순간 사라진다.

매장 안에서 중요한 것은 '상품의 위치'이다. 전통적으로 사람들이 매장에 들어가면 사려고 하는 물건을 찾아 이동하고, 한 상품에서 다른 상품을 찾아 이동한다. 고객들은 쇼핑 목록에 따라 움직인다고 생각한다.

그러나 소렌슨에 의하면 고객이 상품을 구매하는 데까지 그 짧은 시간에 많은 일이 일어난다. 수동적인 리테일러는 고객이 매장에서 상품을 찾아 헤매도록 방치한다. 물건을 쌓아 두면 고객들이 알아서 찾아가고 그에 대한 돈을 지불할 것으로 생각하는 것이다.

그러나 적극적인 리테일러는 고객이 어디를 가고, 어떤 물건에 관심을 가지는지, 어디에 고객이 오래 머무르는지를 관찰하고 분석해서 매출을 올린다. 가령, 그 작은 매장 안에서 고객이 가장 오랜 시간 머무는 곳은 입구 쪽과 계산대라고 한다. 사람들이 입구에 들어오면 자기가 찾는 물건이 어디에 있는지 살펴보기 위해, 또는 그가 사야 하는 목록이 무엇인지 확인하기 위해 다른 곳보다 입구에 더 많이 머문다는 것이다. 사야 할 물건이 있는 곳을 확인하면 고객들은 그곳에 가서 물건을 가지고 계산대로 향한다. 계산하기 위해 모든 고객은 반드시 계산대를 거쳐야 하며, 거기서 많은 시간을 보내게 된다.

소렌슨은 작은 리테일러 매장에서 사람들이 하는 행동 패턴을 세세하게 관찰했다. 아무런 생각 없이 들어가서 물건을 사서 나온다고 생각했는데, 사실 그의 말처럼, 처음 가는 그 낯선 매장에서 우리는 유사한 행동을 한다. 물론, 너무 많이 가서 익숙한 곳에서는 다른 행동 패턴이 나타날 수도 있겠지만, 처음 가는 리테일러 매장이라면 그의 말대로 대부분의 사람은 그렇게 행동할 것이다.

그러면, 교회학교를 찾는 아이들도 이런 패턴이 있지 않을까?

그러니, 교회를 세울 때 가장 고려해야 하는 것은 '입지'이다. 아이들이 없는 시골 동네에 교회를 세우고, 교회학교가 잘되기를 바라는 것은 남극에서 야자수를 찾는 것과 같다. 아이가 거의 없는 동네에서 교회학교가 폭발적으로 성장하기는 쉽지 않다. 그러나 교회를 세웠고, 지역에 아이들이 어느 정도 있으면 아이가 교회에 올 수 있는데, 그때 교회는 아이들이 교회에 올 수 있게 '진입 장벽'을 낮춰야 한다.

그리고 일단 아이들이 교회에 오면, 그 아이가 계속 교회를 다니게 하는 것은 온전히 교회의 몫이 된다. 수동적인 교회는 "교회 건물이 있으면 아이들이 올 것이다"라고 생각한다. 수동적인 리테일러처럼 말이다. 그러나 적극적인 교회는 '아이들이 어디를 가고, 무엇에 관심을 가지는지, 그리고 어디에 오래 머무르는지'에 대해 관찰하고 분석할 것이다.

이런 점에서 교회학교 목회는 리테일러의 원리와 매우 흡사하다고 말할 수 있다.

1) 교회 입구: 최초의 진입 장벽

모든 사람은 교회 입구를 통과해야 한다. 기존에 교회를 다니던 사람이든, 그렇지 않은 사람이든 교회 입구를 통해서 들어온다. 이 교회 입구는 기존 교인들에게는 익숙한 공간에 들어오는, 어쩌면 아무 의미 없는 행동일지 모른다. 그러나 처음 오는 사람들에게 교회 입구는 한 번 마음 먹고 넘어야 하는 '진입 장벽'이다. 교회를 오래 다녀

익숙한 사람들에게나 가족이나 친구가 다녀서 자연스럽게 오게 된 사람들에게 낯선 교회 입구는 그렇게 높은 진입 장벽이 아닐지 모른다. 그렇지만, 교회에 익숙하지 않거나 내성적인 사람에게 '교회 입구는 넘기 힘든 진입 장벽'이 된다.

나는 7살 때부터 교회를 열심히 다닌 덕에 교회가 나에게 늘 익숙했다. 그런데 영국에 유학하러 갔다. 나는 영어가 준비 안 된 상태에서 영국으로 간 것이기에 어학을 해야 했다. 내가 가는 모든 곳에서 영어를 써야 한다는 게 적지 않은 부담이었고, 나가는 게 두려웠다.

주일이 되었고, 평일에 봐 두었던 영국 교회에 나는 예배를 드리러 갔었다. 처음 영국 교회를 간 것인데, 그 교회 사람들이 환영하며 인사해 주는 것이 너무 부담스러웠다. 그 다음 주부터 나는 일부러 예배 시간에 늦게 가서 일찍 나왔다. 왜냐하면, 사람들을 마주치는 게 몹시 부담스러웠고 힘들었기 때문이다. 그리고 그렇게 7개월을 다니다가 도저히 힘들어서, 결국 한인 교회로 옮겼다.

나는 그때 처음으로 깨달았다. 교회에 처음 오는 사람들, 특히 나처럼 내성적인 사람들이 교회에 혼자 오기는 너무나 힘들고, 교회라는 곳이 쉽게 올 수 있는 곳이 아니라, 오기 정말 힘든 곳이라는 것을 알게 된 것이다. 그때 나에게 영국 교회는 내가 혼자 가기에 너무 부담스러운 교회였다. 상황이 다르고 이유가 다르기는 하겠지만, 교회 문턱을 넘는 것이 모든 사람에게 쉬운 것은 아니라는 것을 나는 알게 된 것이다.

<u>김포 두란노교회의 교회학교가 성공한 한 가지 이유는 '낮은 진입 장벽'에 있다.</u> 이상문 목사는 지역 사람들이 교회 입구를 쉽게 넘

어올 수 있도록 선을 지워 버렸는데, 그 방법이 교회를 개방하는 것이었다. 모든 사람이 교회에 예배드리러 오는 것은 꺼리지만, 개방된 화장실을 이용하기는 너무 쉽다. 거기는 어떤 부담도 없다.

교회에 담이 없어 공원과 연결된 것은 참 상징적이다. 교회 입구의 문턱이 없다. 누구나 넘어올 수 있고, 함께할 수 있는 공간이 된다. 일단 교회 안으로 넘나들게 되면, 교회는 차츰 익숙한 공간이 된다. 일차적으로 사람들의 마음속에 있는 정서적인 진입 장벽이 허물어지기 시작한다.

2) 부모와 아이를 위한 공간

부모와 아이가 경계를 허물고 가장 쉽게 교회 안으로 들어올 수 있는 공간은 '놀이 공간'이다. 낯선 곳에 들어오는 것이 부담스러운 아이와 부모가 일단 놀이 공간 속으로 들어오면 마음이 풀어진다.

맥락이 다른 이야기일지도 모르지만, 공원에서 운동하다 보면 강아지를 가진 사람들끼리 자주 이야기 하는 것을 본다. 이 상황에서 낯선 사람과 경계를 허무는 것은 '애완견'이 되는 것이다. 그런 것처럼 아이가 쉽게 마음의 경계를 허물 수 있는 공간은 아이들이 좋아하는 놀이 공간이 되는 것이다.

김포 두란노교회는 아이가 쉽게 교회로 들어올 수 있는 '공간', 부모와 자녀가 함께할 수 있는 '공간'을 가지고 있다. 교회 건물 안에 놀이방에서나 볼 수 있는 잘 꾸며진 정글짐이 있는 공간이 있다. 그곳은 주중에도 개방되어 있고, 지역 모든 주민이 무료로 사용할 수 있는 공간이다. 구석에 아이들이 탈 수 있는 자동차와 장난감들이 있다. 놀이방에 있는 것처럼 엄마들은 아이들이 노는 동안 앞에 있는 테이블에 앉아있기도 하고, 교회 카페에서 커피를 마시기도 한다.

코로나 기간에는 여러 아이를 같은 공간에서 놀게 할 수 없어 예약제로 운영했다고 한다. 코로나 기간에 집에만 있기 답답한 아이들은 교회에 전화해 그곳에서 놀 수 있었다.

지하에는 탁구장이 있고, 난타를 할 수 있는 공간도 있다. 이것 또한 지역 사람들 모두에게 개방된 장소이다. 물론, 주일에는 아이들의 예배 공간이 된다. 또 하나 아이들이 좋아할 법한 공간이 옥상에 있는 풋살장이다. 교회 건물이 아주 크지는 않기 때문에 풋살장이 축구장만큼 크지는 않지만, 작은 어린아이들이 아빠랑 잠시 놀 수 있을 만한 공간은 되어 보였다. 풋살장 옆 야외 테이블은 아이가 노는 동안 부모들이 기다리는 장소이기도 하고, 거기서 여름에 고기를 구워 먹기도 한다고 했다.

여름에는 주차장으로 쓰는 교회 마당에 큰 풀장을 만들어 여름 내내 동네 아이들이 놀 수 있는 공간을 만들어 준다. 학교에 갔다 온 아이들은 거기서 물놀이를 한다. '정말 교회 안에 있는 풀장에 동네 아이들이 올까' 생각했는데 진짜 온다고 한다. 부모들은 아이가 교회 안 어디서든 놀 때, 자녀들을 기다리면서 교회 내 카페에서 편하게 커피 한 잔을 한다.

이처럼 김포 두란노교회는 교회를 다니지 않아도 쉽게 들어와 사용할 수 있는 '공간들'이 많이 있다.

3) 놀이 공간의 영향력

'호모 루덴스'(Homo Ludens)는 '유희의 인간', 곧 놀이하는 인간을 뜻하는 말이다. 요한 호이징가(Johan Huizinga, 1872-1945)는 인간의 본질을 놀이의 관점에서 이해한다. 그에 의하면, 인류는 자신을 '호모 사피엔스'(Homo Sapiens, 지혜가 있는 인간- 합리적인 생각을 하는 사람)라고 지칭했지만, 인간은 그렇게 합리적인 생각을 하는 존재가 아니다.

그래서 나온 게 '호모 파베르'(Homo Faber, 도구의 인간- 물건을 만들어 내는 인간)인데, 많은 동물도 물건을 만들어 내기 때문에 이 또한 그렇게 적당하다고 할 수 없다.

그가 생각했을 때, 인간과 동물에게 모두 적용되면서, 인간이라는 존재를 규정하는 제3의 기능이 '호모 루덴스'라는 것이다. 인간은 놀이하는 존재이다. 이것은 아주 어렸을 때부터 나타나 삶 전체에 걸쳐 나타나게 된다. 그래서 그는 문화가 놀이를 만드는 것이 아니라 인간이 놀면서 만들어진 게 문화라고 말한다. 그러니 결국 호이징가에게 놀이는 인간의 본질이다.

호이징가의 말처럼 인간은 태중에서부터 논다. 그리고 놀이는 아이들의 삶에도 중요하다. 아이들은 놀이 공간에서 자란다. 놀이 공간 안에서 친구들과 상호 작용하는 것을 배우고, 상상하면서 생각을 키우고, 자신의 마음이나 생각을 표현한다. 놀이의 이런 역할 때문에 심리학에서는 놀이가 아이의 전인적인 발달을 돕는다고 말한다. 놀이는 아이가 세상을 배우는 방식이며 어떤 새로운 것을 쉽고 재미있게 배울 수 있는 방법이 된다.

이런 이유로 마음에 문제가 생긴 아이들을 치료하는 가장 효과적인 방법의 하나가 단연코 '놀이 치료'이다. 나이가 어리면 어릴수록 아이들은 자신의 마음을 표현할 수 없다. 자기 스스로 마음이 어떤지 인식하지 못하기도 하지만 표현하지 못하기도 한다. 그래서 정신분석가들이 생각해 낸 것이 놀이 치료이다.

아이는 놀이를 하는 동안 말로 표현하지 못한 내면을 놀이로 표현한다. 놀이를 통해 의사소통하며 놀이를 하면서 자신의 마음을 치료하기도 한다. 놀이는 자신이 잘 모른다고 해도, 또한 자신을 잘 표현하지 못해도 마음을 정화하는 효과가 있기 때문이다. 그래서 놀이는 아이들의 성장 과정에서 선택이 아니라 필수적인 요소가 된다.

놀이의 중요성을 생각했을 때, 어쩌면 교회가 인지하고 있지만, 효과적으로 사용하지 못하는 것이 이것인지도 모른다는 생각을 해 본다. 놀이는 아이가 교회를 올 때 경계를 허무는 가장 빠른 방법 중 하나이고, 가장 빨리 적응할 수 있게 하는 효과적인 방법 중 하나이다. 처음 교회에 오는 아이에게도 교회는 낯선 장소이다. 아는 친구를 따라온 것이 아니면 위축되어 교회라는 낯선 환경에 적응하는 게 힘들다.

그래서 유치부 아이 중 일부는 교회 예배실에 들어오는 것 자체가 어렵다. 그 아이가 그 문턱을 넘어설 때까지 오랜 시간 기다려야 한다. 그 아이들에게 예배실에 들어오는 것은 아마도 그곳이 그 아이들만의 진입 장벽인지도 모른다.

만약, 김포 두란노교회처럼 교회 곳곳에 놀이 공간이 많다면 아이는 자연스럽게 놀 수 있을 것이다. 그리고 그곳에 있는 다른 아이들과 어울리게 된다. 놀이를 통해 교회라는 공간이, 그리고 낯선 사람이 처음처럼 힘들게 느껴지지 않을 것이다.

김포 두란노교회가 곳곳에 놀이 공간을 둔 것은 아이와 부모를 배려한 공간이다. 아이와 부모는 낯선 공간에서 조금은 더 편안하게 교회 공간으로 진입할 수 있다. 놀이 공간은 아이들의 눈높이에서 교회 입구의 진입 장벽을 낮춘 것이라고 할 수 있다.

4. 욕구와 거부감

1) 에어비앤비의 도전

집의 공간 일부를 다른 사람에게 공유하고 일정한 금액을 받는 '에어비앤비'는 기존의 호텔과는 다른 숙박 시설을 제공할 수 있도록 중개하는 회사이다. 2008년 브라이언 체스키(Brian Chesky), 조 게비아(Joe Gebbia), 네이선 블레차르지크(Nathan Blecharczyk)는 자신들의 집을 숙박 시설로 제공하는 사이트를 개발했다. 대중적인 호텔 예약 시장에 익숙한 소비자들에게 낯선 사람의 집을 숙박 시설로 쓰게 한다는 것이 처음에는 낯선 것이었다.

서로 모르는 사람이 게스트가 되고, 호스트가 되기 때문에 안전에 대한 문제들도 있었고, 각국의 다른 규제나 법적인 문제도 있었다. 그러나 가장 큰 문제는 집을 사용하는 사람들, 빌려주는 사람들이 가지게 될 두려움이나 우려였는데, 그것을 경감시키는 것이 이 회사의 큰 과제였다.

에어비앤비는 여러 방면의 이런 두려움을 감소시키려 노력했고, 그 전략 중 하나가 '홍보'였다. 이들은 사람들이 가지고 있는 두려움 대신 이런 숙소가 가지게 될 새로운 경험, 현지에서의 경험을 부각시켰다. 사람들은 여행하면서 새로운 세상을 만난다. 낯선 다른 세상을 만나면서, 새로운 눈으로 그곳을 경험한다.

과거의 여행에서는 호텔에 머물면서 현지인들의 삶을 눈으로 보는 것만으로도 만족했지만, 어느 순간부터 사람들은 그곳에 사는 사람들이 하는 경험을 하고 직접 해보고 싶은 욕구를 가지게 되었다.

에어비앤비는 사람들의 잠재된 욕구를 읽어 냈다. 그래서 그들은 대중들에게 '고유한 경험'을 제공하는 것에 홍보의 초점을 두었다. 에어비앤비는 '이웃집에서 묵기'라는 독특한 개념을 강조했고, 그것은 대중들에게 어필이 되었다. 에어비앤비의 다양한 숙소는 여행객들에게 현지 경험을 하게 하고, 그들이 원하는 여행 스타일과 예산에 맞는 숙박 시설을 찾고자 하는 수요를 충족시켰다. 그들은 또한 소셜 미디어를 적극적으로 활용하여 경험자들이 자신들의 여행 경험을 공유하게 했고, 사진과 이야기를 게시할 수 있도록 유도했다. 이를 통해 그들은 그곳에 간 적이 없는 다른 사람들의 상상력을 자극하고, 흥미를 유발하며, 가고 싶은 욕구를 창출해 냈다.

에어비앤비는 현대의 여행가들이 가지는 욕구를 인식하고 그 욕구를 상품화하는 데 성공한 것이다. 그리고 그 욕구를 충족하는 데서 발생할 수 있는 두려움을 시스템과 홍보로 약화시켰다. 에어비앤비가 전 세계로 사업을 확장할 수 있었던 것은 이들의 이같은 전략 때문이었다.

2) 잠재적 교인들의 욕구

교회에 처음 오는 사람도 교회에 오기 전 그들이 교회에 바라는 욕구가 있고, 또 두려움이 있다. 김포 두란노교회는 잠재적 교인들의 욕구를 생각했고, 그것을 목회 현장에 접목했다.

〈아기 학교〉는 두란노교회가 자랑하는 대표적인 프로그램이다. 처음 〈아기 학교〉를 하게 된 계기는 이상문 목사가 저녁 식사를 하면서 우연히 들은 뉴스 때문이었다. 그 뉴스의 내용은 "한 아기 엄마가 산후 우울증 때문에 12층에서 아이를 창밖으로 던져 버렸다"라는 뉴스였다.

이상문 목사는 밥을 먹다가 그 뉴스에 충격을 받고는 '저런 사람들을 교회가 도와줄 수 없을까'를 고민하기 시작했다. 그 아이를 던진 엄마가 왜 그랬는지 생각하면서 그 엄마의 마음을 이해했고, 안타까운 마음을 가지게 되었다.

한국에서 여성이 임신하여 육아하면 온종일 집에 있게 된다. 다른 가족이 아이를 돌봐 주지 않는 이상 온종일 아이를 돌보며 사회와 고립된다. 어린이집에 아이를 맡길 수 있는 나이가 되면 그나마 자유시간이 있지만, 그전에는 그 시간을 오롯이 견뎌야 한다. 그래서 많은 여성이 산후 우울증을 앓게 된다. 남편은 직장에서 늦게 오고, 친구들과 전화해서 이야기하는 것도 하루 이틀이지 그렇게 할 수 없게 된다.

그래서 육아를 하는 여성들은 종종 우울증을 앓는다. 이상문 목사는 어린아이를 키우는 엄마의 이런 상황과 욕구를 생각했고, 그에 대해 공감했다. 그래서 만든 것이 〈아기 학교〉였다.

〈아기 학교〉는 매주 화요일과 목요일에 지역 내의 17-40개월 사이의 아이와 엄마가 와서 시간을 보내며 노는 프로그램이었다. 이상문 목사가 기획한 〈아기 학교〉는 아이 엄마에게 마음의 위로를 전달하고 싶은 것이었다. 복음은 두 번째이고, 그들의 행복과 마음의 위로에 더욱 초점을 두었다. 와서 맘껏 놀고, 춤추고, 노래하고, 뛰고, 배부르게 먹고, 선물을 받아 가게 하는 게 목적이었다.

교회를 다니든지, 다니지 않든지 모든 사람은 올 수 있고, 함께 그 시간을 보낼 수 있게 했다. 1인당 20만 원의 예산이 들었지만, 오는 사람에게는 재료비만 받았다. 무료로 하면 안 나오거나 별거 아닌 것으로 생각할까봐 몇만 원의 돈은 받았다.

그 결과 그 지역에 많은 아이와 엄마가 왔고, 대기 번호표를 줘야 할 만큼 성공을 거두었다. 거기에 온 엄마들은 교회 집사들이나 교사들과 친해져서 친분을 가졌고, 친해지니 자연스럽게 주일에 오게 되고 전도도 되었다.

실제로 내가 인터뷰를 한 권사님 가운데 한 분은 "이 과정을 거쳐 교회에 오셨다"라고 한다. 결혼 당시 교회를 다니지 않던 분이었는데, "출산 후 〈아기 학교〉를 오게 되었다"고 했다.

이처럼 함께 나오는 엄마들과 집사들과 친해지다보니 교회에 편안하게 정착할 수 있었다. 아기 엄마들을 위한 프로그램이 전혀 없던 그 당시, 〈아기 학교〉는 입소문을 타고 지역 사회 엄마들에게 퍼졌고, 그것은 굉장히 효과적으로 교인들을 유입하는 프로그램이 되었다.

영아부 예배도 그런 마음으로 시작했다. 영아부에는 엄마와 떨어지는 것을 싫어하는 아이들이 있으므로 엄마들이 예배를 드릴 수 없게 된다. 계속해서 아이가 신경 쓰이기 때문이다. 그래서 김포 두란노교회 영아부는 부모가 아이들과 함께 예배드리게 한다. 부모는 아이들과 예배를 드리다가 본당에서 예배가 시작되면 그 방에 있는 모니터 앞으로 모여 예배를 드리고, 아이들은 뒤쪽에 차려진 음식을 먹는다.

영아부 선생님들은 시간이 되면 음식을 배달시켜 와 예배실에서 점심을 먹인다. 선생님들이 예배실 뒤에서 아이들을 먹이는 동안 부모님들은 같은 공간에서 영상으로 담임목사님의 설교를 듣는다. 부모님들은 말씀을 들을 수 있어 좋고, 아이들은 부모님이 같은 공간에 있으므로 두려워하거나 울지 않으며 밥을 먹는다. 엄마와 떨어지기 싫어하는 아이와 예배를 드리고 싶어 하는 부모의 욕구를 동시에 생각한 것이다.

이상문 목사가 운양에 여러 개의 종교부지 중에 지금의 종교부지를 선택하고, 거기 교회를 세운 이유 중 하나는 교회 앞마당과 연결된 놀이터 때문이었다. 교회와 연결된 놀이터에 아이들과 부모들이 함께 오면 김포 두란노교회는 그들이 편하게 놀다 갈 수 있게 배려한다. 교회 카페가 놀이터와 연결되어 있는데 모든 음료는 무료이다.

교회 카페의 접이식 문은 놀이터가 마치 카페의 일부인 것처럼 놀이터 쪽으로 열 수 있게 되어 있다.

위에서 말한 대로, 놀이터에 와서 아이를 돌보는 부모는 아이가 놀이터에서 노는 동안 아이를 지켜보며 교회 카페에서 커피를 마시면서 기다릴 수 있다. 그런데 그들 가운데 교회라 들어오기를 꺼리는 부모들이 있다면, 주중에 교회를 왔다 갔다 하는 교인들은 그냥 편안하게 그들과 얘기하면서 차를 대접한다. 그러면 미안해하면서 부모들이 들어와 아이를 기다리며 차를 마시게 된다고 한다.

교회 건물은 아파트 단지와 전원주택 사이에 있는데, 그곳은 인근 주민들이 운동하는 산책로이다. 이상문 목사는 그곳에 거주하는 사람들이 운동하기 위해 교회 앞을 지나간다는 것을 알았고, 교회를 개방했다. 아파트에서 사람들이 운동하기 위해 교회를 지나가는 그 코스는 생각보다 아파트 단지와 멀리 떨어져 있고, 그 길에는 화장실이 없다. 이웃들이 운동하면서 멀리 있는 길을 돌아갈 수 없다는 것을 알고 교회를 개방한 것이다.

교회는 그들에게 화장실과 물, 그리고 강아지 배변을 처리할 수 있는 물품을 비치해 두고 있다. 사람들은 필요할 때 언제나 들어와서 교회 시설을 사용한다. 이는 지나가는 지역의 잠재적 교인들의 필요를 생각한 것이다. 이처럼 김포 두란노교회는 교회가 가지고 있는 다양한 자원을 통해서 지역 주민들과 함께 나누고 있다.

3) 사람들이 정말 원하는 것

사람들은 자신이 무엇을 원하는지 알고 있을까?

다양한 영역에서 사람들은 다른 사람들의 마음을 알기 위해 자주 통계를 사용한다. 많은 사람의 의향을 추측하기 위해서 명확하고 합리적이라고 생각하는 숫자를 눈에 보기 원한다. 통계를 통해 기업도 소비자들의 의향을 추측하게 되고, 선거 때마다 유권자들의 의향을 주마다 확인하기도 한다. 왜냐하면, 통계가 우리에게 많은 정보를 주기 때문이다.

그러나 통계가 항상 사람들의 마음을 읽어 내는 것은 아니다. 실제로 비즈니스 세계에서는 시장 조사 결과와 실제 판매 결과가 다른 예들이 종종 나타난다. 2차 세계대전 후, 미국의 자동차 제조 회사인 아메리칸모터스(AMC)는 군인들이 사용했던 지프(Jeep)를 일반인에게도 판매하려고 여러 차례 소비자 조사를 시행했다고 한다. 그때 조사 결과는 할 때마다 부정적이었다. 지프는 승차감이나 소리나 디자인이 도시와 전혀 어울리지 않는 차량이었다.

그러나 아메리칸 모터스는 전쟁 기간에 이미 생산했던 지프의 재고를 처리해야만 했고, 전쟁이 끝나 더 이상 군용물품을 팔 수 없어 일반 시장에서 소비해야만 했다. 그래서 부정적인 통계 조사 결과에도 불구하고 판매를 감행했다.

그런데 결과는 시장 조사와 전혀 달랐다. 시장 조사에서는 분명히 부정적이었고 냉담했는데, 지프를 시장에 내놓자마자 불티나게 팔리기 시작했다. 소비자 조사와 시장이 다르게 반응한 것이다. 이처럼 사람들은 물건을 처음 접할 때 익숙하지 않은 것에 부정적으로 반응하는 경향이 있다. 하지만 홍보든, 입소문이든 그것이 괜찮다는 생각이 들기 시작하면 금방 유행이 된다. 그러니, 결국 사람들의 욕구에 대한 조사가 항상 정확하지 않을 수 있다는 말이다.

이는 교회를 선택할 때도 마찬가지인데, 사람들이 교회를 선택할 때도 이와 유사한 현상이 나타난다. 목회데이터연구소가 2022년 8월에 실시한 통계에 의하면, 교인들이 바라는 이상적인 교회는 다음과 같은 순서로 조사되었다.

(1) 예배 중심 - 60퍼센트
(2) 기도 중심 - 31퍼센트
(3) 도덕적 - 29퍼센트
(4) 포용적 - 25퍼센트
(5) 사회 구제 봉사 - 23퍼센트

그러나 필자가 직접 인터뷰를 하면서 얼핏 들었던 교회 선택의 이유는 이같은 거시적인 담론이 아니었다. 이유는 생각보다 단순했다. 가령, 목사님 설교가 좋아서, 교회 분위기가 좋아서, 집에서 가까워서, 교회학교가 있어서, 또는 교회학교의 프로그램이 좋아서, 아이가 교회를 좋아해서, 아는 사람이 있어서, 친구 때문에 등등이지 예배 중심이어서라는 말을 들어본 적이 없다.

물론, 목사님 설교는 예배와 관련이 있지만, 설교만이 예배는 아니지 않은가?

사람들은 그들이 생각하는 이상적인 교회이기 때문에 교회에 가는 것이 아니다. 그들이 교회에 가는 이유는 한두 가지면 충분하다. 그들이 생각하는 이상적인 교회라고 대답한 설문 조사와 그들이 다닐 교회를 선택하는 기준이 반드시 일치하지는 않는다는 말이다.

4) 감동과 재미: 그들이 교회에 오는 이유

김포 두란노교회 교회학교의 성장 동력은 '감동'과 '재미'이다. 교회학교는 두 그룹을 만나야 하는 영역이다. 한 그룹은 부모 그룹이고 다른 한 그룹은 아이들 그룹이다. 김포 두란노교회는 이 두 그룹에 대해 목회를 한다. 이상문 목사가 〈아기 학교〉를 할 때도 선교원을 할 때도 아이들 엄마를 늘 염두에 뒀다. 교회학교 목회는 얼핏 어린이를 다루는 영역이라고 생각하지만, 교회학교 목회는 두 그룹에 속한 사람들을 함께 만나는 목회 영역이다.

'엄마와 아이!'

그런데 이 엄마와 아이는 각각 다른 욕구가 있다. 엄마의 마음을 움직이는 것은 '감동'이고, 아이를 움직이는 것은 '재미'이다. 김포 두란노교회 몇몇 평신도와의 인터뷰에서 나는 엄마들이 교회를 선택한 이유로 '감동'이라는 단어를 자주 듣곤 했다. 그들이 교회에 정착하게 된 이유가 그들이 느낀 '감동' 때문이었고, 현재 그들이 섬기는 부서의 아이 엄마들 입에서 들려지는 단어 또한 '감동'이라는 것이다.

'감동!'

사전상 '감동'이란, "크게 느끼어 마음이 움직임"이라는 의미이다. 이는 교회를 다니지 않던 사람들이, 또는 새로운 교회를 찾고 있던 사람들이 교회에 오고 싶은 마음이 들게 되었다는 것이다.

그럼, 김포 두란노교회를 온 엄마들은 도대체 뭐가 그렇게 감동이 된 것일까?

내가 만난 김포 두란노교회의 한 권사님은 자신이 이 교회에 정착하게 된 이야기를 해 주었다. 그 권사님은 첫 아이가 어렸을 때 불신자였다고 한다. 그런데 그분이 결혼하고 아이를 낳아 키우는데 너무 힘들었단다. 외롭고 우울하고 내성적이라 어디 정을 붙일 사람도 없고 혼자 힘들게 지내고 있었다고 한다. 그러던 중, 맞은 편에 사는 두란노교회 집사님을 만나게 되었는데, 그 집사님이 "집에 놀러 오라"며 초대하셨다고 한다.

외롭던 차에 그 집에 가서 놀다가 그 집에서 하는 〈목장예배〉도 드리게 되었다. 그 집에 모이는 사람들이 다 고만고만한 애들이 있는 집이라 부담스럽지도 않고, 엄마들이니 애들을 키우면서 자연스럽게 친해지게 되었다. 먹을 것도 주시고, 사람도 만나고, 애도 다른 애들과 놀고 참 좋았단다. 그분은 그렇게 교회 사람들을 처음 만났다.

그런데 이상한 게 사람은 친해지다 보면 이런저런 이야기를 하게 되고, 자연스럽게 교회에서 하는 프로그램도 알게 된다. "친구 따라 강남 간다"고 수요일에 하는 〈어머니 기도회〉를 가기 시작했다. 아기가 있으니 기도회를 가려고 하면 준비할 게 산더미인데, 그 옆집 집사님은 오셔서 물건을 다 챙겨서 데려다 주셨단다. 그렇게 가면 교회에서는 점심도 주시고, 또 차도 한잔하고, 그러다 보면 사람도 만나게 되고, 그러다가 또 다른 프로그램인 〈아기 학교〉도 가게 되었다.

이렇게 이분은 교회에 조금씩 들어왔다. 내성적이라 말도 못하는 성격인데 거기에서는 말을 하게 되고, 사람들과 어울리게 되고, 정성스레 섬겨 주시니 우울증도 없어지고 너무 좋았단다. 교회를 다니는 집이 아닌데 교회를 열심히 다니니 남편이랑 시댁에서 "너무 교회에 빠지지 말라"고 했다고 한다. 그런데도 너무 교회가 좋아 그렇게 교인이 되었고, 교회학교를 섬기는 선생님까지 되었다.

코로나 시기에 부흥이 된 이유는 교회학교 안에서도 이런 정성스러움이 계속되었고, 교회를 다니지 않던 엄마들도 감동해서 아이들과 함께 왔다고 한다. 다른 프로그램들도 중요하지만, 이 교회는 교회학교 선생님들이 코로나 중에도 전화든, 드라이브 스루(drive-thru) 방식이든 심방을 계속했고, 집 앞에 간식이나 선물을 두기도 하고, 모바일 쿠폰을 주기도 하고, 영상으로 프로그램을 진행하기도 했단다. 교회학교 선생님들의 이런 헌신에 몇몇 부모가 감동했고, 교회학교 아이들은 코로나 시기에도 늘어나게 되었다.

이런 교회학교를 섬기는 다른 권사님은 이런 말씀을 하셨다.

> 요즘 사람들은 한 번에 마음을 확 열지 않아요. 애들한테 대하는 게 진심인 것을 보고 나면, 그걸 보고 등록을 하고, 처음에는 무표정하다가 마음이 열리면 조금씩 웃으면서 오기 시작해요.

그분이 말씀하시길, 프로그램이나 분위기나 선생님 등등으로 "교회학교에 마음이 열리면서 부모님들도 스며드신다"라고 한다. 선생님들의 진심이 드러나는 데 시간이 걸린다는 의미일 것이다. 그리고 그렇게 진심을 느끼게 되면 사람들은 어느덧 교회에 정착한다.

감동, 그것은 아마도 고마움, 따뜻함의 다른 말인지도 모르겠다. 김포 두란노교회의 성공에는 아이의 부모에게 감동을 주는 정성스러움이 있는 것 같다.

반면에, 아이들이 교회에 오는 이유는 '재미'이다. 아이가 교회에 올 때 아이는 은혜를 받아서 오지 않는다. 아이가 설교를 들으면서 감동이 되고, 은혜를 받아 눈물을 흘리며, 그것 때문에 교회로 정착하는 일은 거의 없다. 아이가 처음 교회에 왔는데, 또다시 오고 싶은 이유 중 가장 흔하게 듣는 단어는 '재미'이다. 김포 두란노교회의 인터뷰 내용 안에서도 자주 언급된 단어는 '재미'였다. 아이들은 재미가 없으면 아무리 선생님이 따뜻하게 해 줘도 몇 번 오다가 오지 않는다.

'재미가 있다'

이해는 되는데, 가만히 생각해 보면 모호한 말이다. 『재미』라는 책을 쓴 이현비는 재미론에 대해 다음과 같이 말했다.

> 재미는 경험의 영역이다. 어떤 것을 하면서 좋은 시간을 보낸다는 긍정적인 감각의 경험이다. 뭔가를 하는데 긍정적인 감정, 쾌감이 동반된다는 말이다. 그래서 재미있는 경험은 4단계로 구조화할 수 있는데, '흥미, 몰입, 쾌감, 동경'이 그것이다.

'흥미'는 어떤 체험에 매력적인 요소가 있거나, 기존 경험과 확연히 다르거나, 다른 환경에서 친숙한 어떤 것을 할 때 생길 수 있다. 재미가 있으려면 어떤 경험이 '몰입'으로 이어져야 하고, 몰입하면서 '쾌감'을 느껴야 한다. 몰입은 목적을 달성했거나, 즐거움을 느낄 수 있거나, 흥미를 실현할 수 있거나, 현실이 아니라는 것을 알 때 생기는 긴장감이 있거나, 새로운 체험 전체에서 얻는 만족감에서 얻어진다. 그렇게 만족감이 생기면 그것을 '동경'하게 된다. 단순하게 말하면, 아이의 욕구가 충족되고 거기에서 긍정적인 감정이 생기면, 또 그 경험을 하고 싶어 하고 그런 경험을 기다린다는 말이다.

아이가 흥미를 느끼고, 몰입할 수 있고, 쾌감을 느끼며, 나중에 또 하고 싶다는 동경을 가지게 되는 것은 분명히 처음부터 예수에 대한 앎은 아닐 것이다. 아이는 예수나 복음을 깊이 알지 못한다. 교회는 처음부터 아이에게 복음을 소개해야 한다.

그래서 김포 두란노교회는 분반공부를 딱딱하게 하지 않으려고 노력한다. 매주 말씀과 관련된 놀이를 생각하고 아이들이 놀이를 즐길 수 있는 것을 계속 창출해 낸다. 아이들이 느낄 수 있는 '재미'라는 것을 적절하게 이용하고 있다. 아이들은 교회에서 하는 행사뿐만 아니라 분반공부도 재미있어 한다고 한다.

5. 교회 홍보

1) 트리플 미디어

어떤 일을 하는데 홍보는 참 중요한 역할을 한다. 사람들에게 어떤 정보를 알리는 역할을 할 뿐만 아니라 관심을 촉구하기도 하고, 생각을 바꾸게도 한다. 홍보는 그 홍보를 하는 단체나 기관에 참 많은 영향을 줄 수밖에 없다. 그것이 긍정적이든 부정적이든 말이다. 그런데 사실상 교회가 홍보에 매진하는 경우는 생각보다 많지 않다. 홈페이지에 교회를 소개하고 있지만, 생각보다 많은 교회가 홍보에 중점을 두지는 않는다.

홍보를 전문적으로 하는 곳은 기업이다. 기업들은 마케팅 전략으로 '트리플(삼중) 미디어' 전략을 구사하는 곳이 많다. 일본의 마케터인 요코야마 류지는 『트리플 미디어 전략』이라는 책에서 세 종류의 미디어를 설명한다.

(1) 페이드 미디어(paid media)
(2) 온드 미디어(owned media)
(3) 언드 미디어(earned media)

이 세 가지를 트리플 미디어라고 한다.

첫 번째, 페이드 미디어는 우리가 이해하고 있는 매스미디어, 즉 TV, 신문, 잡지, 영화, 인터넷, 전광판, 옥외광고 등과 같이 대가를 지급하는 홍보방법들을 말한다

이 홍보의 목적은 광범위하게 알리고 잠재고객을 유도하려는 것이다.

두 번째, 온드 미디어는 홈페이지나 공식 블로그, 인터넷 방송 등을 말하는데, 보통 기관 자체 안에 있는 미디어들로 잠재고객을 고객으로 전환하려는 목적을 가진다

이들은 관심이 있어서 들어오는 고객들이다. 그래서 이 홍보는 최종 사용자와 직접적인 커뮤니케이션이 가능하고, 그래서 사용료를 강화할 수 있다.

세 번째, 언드 미디어는 보통 평가 미디어로 SNS, 블로그, 웹사이트나 맘카페 등과 같이 대중의 신뢰와 평판을 활용해서 입소문 효과를 기대할 수 있는 미디어를 말한다

일반사회에서 진행되고 있는 홍보는 다양한 채널을 통해 이루어지고 있다. 하지만 상대적으로 교회는 다양한 방법의 홍보전략을 적극적으로 개발하지 않았다. 위의 내용을 기반으로 교회에서 하는 홍보를 생각해 보면 이런 미디어 채널을 효과적으로 사용하는 교회는 거의 없는 것 같다.

대부분 교회는 전단지 홍보, 교회 앞에 현수막이나 홈페이지를 이용하는 것이 전부인 경우가 많다. 규모가 작은 교회 같은 경우 이조차 제대로 하지 않는다. 그나마 대형 교회들은 자체의 인터넷 방송이 있는 곳이 있기도 하지만 전반적으로 교회가 다양한 방법의 홍보를 많이 하지는 않는다. 이것은 잠재적인 교인들과 미디어를 통해 소통하는 방식에 약하다는 말도 된다.

사실 한국 교회는 이렇게 화려하게 홍보를 하지 않아도 생존할 수 있었다. 2,000년대까지만 해도 성장기였기 때문에 교회가 이런 홍보를 하지 않아도 교인들의 관계 전도나 전단지 홍보로 많은 사람이 왔었다. 교회학교 전도도 학교 앞 전도와 아이들을 통한 대인 전도에 의존해 많은 아이가 왔었다. 지금도 일부 교회학교에서는 그런 전도 방법을 여전히 사용하고 있지만, 지역에 따라 학교 앞 전도가 허용되지 않는 곳도 있고, 학령 인구는 줄고 있으며, 교회학교 인원의 현격한 감소로 인해 관계 전도가 약해진 교회도 많아졌다. 이미 장년 100명 이하 교회는 교회학교 어린이가 거의 없어 개척하는 심정으로 다시 시작해야 하는 경우도 흔하다.

한국에서 위의 방법으로 교회를 홍보한다는 것이 익숙하지 않고, 돈이나 역효과가 걱정되기도 하며, 현재 교회가 작은 경우 다양한 상황 때문에 주저하는 때도 많다. 그런 현실적인 것을 다 고려한다고 하더라도, 분명한 것은 이제 교회는 잠재적인 교인들과 소통하는 다양한 채널을 생각하고 배워야 하는 시대가 되었다는 것이다.

2) 다각적인 홍보를 생각한 교회

이상문 목사가 4년이라는 짧은 시간 동안 교회학교를 빠르게 성장시킨 요인 중 하나는 교회를 적극적으로 홍보한 것 때문이었다. 제일 처음 김포에 와서 어떻게 전도할까 고민을 하다가 이상문 목사는 버스 정류장의 큰 전광판에 교회 홍보를 하기 시작했다. 사람들을 교회에 오게 하려면 김포 두란노교회가 있다는 것을 먼저 알려야 하는데, '어떻게 알릴까' 생각하다가 가장 효과적인 방법이 버스 정류장 광고판을 이용하는 것이라는 생각이 든 것이다. 그래서 김포 두란노교회는 김포 신도시의 모든 버스 정류장 광고판에 홍보하면서 교회의 존재를 적극적으로 알렸다.

위에서 설명한 '페이드(유료) 미디어'를 지역에 사용한 것이다. 처음 전광판을 이용할 때만 해도 그렇게 홍보하는 교회가 없어서 그게 얼마나 효과가 있을까 고민했지만, 홍보 효과는 생각보다 컸고, 4년이 지났지만, 아직도 광고판을 보고 교회를 등록하는 교인들이 있다고 한다.

또한, 매주 화요일과 목요일은 인근 아파트 단지마다 손으로 뜬 수세미와 전단을 우편함에 넣기도 한다. 김포 두란노교회는 방화 예배당 시절부터 전도에 진심이다. 방화에서 목회할 때도 아이들을 전도하기 위해 일주일에 한두 번은 학교 앞에서 교회 아이들을 만났고, 그 아이들과 함께 있는 아이들에게 아이스크림을 사 주면서 전도를 했다. 그때까지만 해도 학교 앞 전도가 불법은 아니었다.

지금은 엄마들이 '미성년자약취유인'이나 '개인정보유출'에 민감해서 학교 앞 전도가 쉽지 않다. 하지만 그 당시에는 가능했고, 이상문 목사는 항상 차에 1,000원짜리를 몇십 장씩 가지고 다니면서 아이들에게 아이스크림이나 과자로 전도를 했다.

김포 두란노교회의 전도 전략은 모르는 사람에게 일방적으로 전도지를 들이대는 것에만 초점을 두지 않았다. 사람들이 들어올 수 있는 여러 개의 통로를 동시에 열어 두고 있다. 가장 폭넓은 전도는 버스 정류장 광고판이고, 교회 현수막이었지만, 이웃들에게는 교회의 문을 자연스럽게 넘게 만드는 것도 광범위한 영역에서는 교회 홍보였다.

〈아기 학교〉와 선교원, 어린이집 운영도 그런 맥락 안에 있는 전도 전략이었다. 선교원을 병행한 어린이집에서는 운영의 투명성과 아이들을 진심으로 돌보는 데 신경을 많이 썼다. 아이들을 어린이집에 데려오기만 하면 아침을 어린이집에서 먹이기도 했다. 신뢰가 쌓인 부모들은 주일에는 아이들을 교회로 보내기도 했다. 부모는 교회를 다니지 않는다 하더라도 아이들이 원한다면 말이다.

위에서 말한 '온드 미디어'인 교회 홈페이지나 '두목'(두란노교회 목사)이라는 인터넷 방송을 만들기도 했다. 물론, 그게 아주 성공적인 것은 아니었던 것 같지만 시도는 했었다. '언드 미디어'를 통해서는 맘카페가 움직였다. 교인들이 홍보한 게 아니라 지역 주민들에게 입소문이나 그 안에서 정보가 교환된 것이다. 김포 두란노교회의 좋은 이미지는 맘카페에서 자연스럽게 전해졌고, 그것 때문에 교회에 온 사람들도 생겨났다. 김포 두란노교회 교회학교에 아이들이나 부모들이 관심을 가진 이유 중의 하나는 이같은 다양한 홍보 채널이 움직였던 것도 있었다.

3) 홍보에 대하여

〈매니지먼트에서의 커뮤니케이션〉(Communication in Management)에서 레드필드(Charles E. Redfield)는 커뮤니케이션의 일반원칙을 명료성, 일관성, 적정성, 적시성, 분포성, 적응성과 통일성, 관심과 수용성이라는 일곱 가지 원칙을 말한다.

커뮤니케이션은 정확한 내용이 적당한 타이밍에 전달되어야 한다. 일관성이 있어야 할 뿐만 아니라 조직의 상부와 하부에 전달 내용이 골고루 분포되어야 하며, 내용이 합리적이고 타당성이 있어야 한다.

의사전달 내용은 받는 사람이 충분히 이해하고 업무에 잘 적용할 수 있어야 하며, 모든 사람이 관심이 있는 내용일 뿐 아니라 그 내용을 수용할 수 있어야 한다는 것이다.

김포 두란노교회의 홍보를 찬찬히 보면, 교회가 홍보를 하는 방법에 대해 생각해 볼 수 있다. 홍보는 지역의 상황과 분위기에 맞아야 한다. 방화동에서는 학교 전도로 많은 아이가 올 수 있었지만, 신도시인 김포에서는 버스 정류장 광고로 효과를 보았다. 버스 정류장 광고가 모든 도시에서 먹히는 것은 아니다.

하지만 신도시의 경우 아파트들이 입주하고 이주하는 사람들이 많다. 다른 도시에서 교회를 다니다가 이사한 사람들은 새로운 도시에 와서 교회를 찾는데, 그 과정에서 버스 정류장 광고에 관심을 가지는 사람들이 있다.

김포 두란노교회는 이런 상황을 효과적으로 사용했다. 물론, 김포 두란노교회의 버스 정류장 광고가 상대적으로 지역 주민들에게 거부 반응이 적었던 이유는 교회가 지역 사회에 가진 것을 나눴기 때문이었을지도 모른다. 김포 두란노교회는 그 지역에서 수용할 수 있는 한도 내에서 적당한 전도 방법으로 전도를 한 것이다.

6. 영적인 추억

1) 회귀본능

회귀본능을 가지고 있는 대표적인 어종은 '연어'이다. 연어는 우리나라 강에서 부화해 북태평양을 건너 알래스카를 지나서 다시 우리나라로 돌아오는데, 그 거리가 약 2만 킬로미터이고, 돌아오는데 걸리는 시간은 약 3년이라고 한다. 이렇게 돌아오는 연어의 회귀본능은 자연적이라 하더라도 너무 신기할 수밖에 없다.

그래서 학자들은 연어의 회귀본능을 연구했는데 이에 대해서 크게 세 가지 학설이 있다고 한다.

첫 번째, 연어의 회귀본능이 환경 자극에 대한 유전적인 반응이라는 가설로, 어떤 회로가 염색체에 내포되어 있다고 말한다

그래서 같은 계통의 연어는 앞세대가 회귀해 온 날짜와 거의 일치하는 날짜에 태어난 곳에 돌아온다는 것이다.

두 번째, 연어가 태양의 위치나 천체의 특징을 이용한다는 설인데, 나침반과 같은 탐지 능력을 몸속에 가지고 있다는 것이다.

세 번째, 연어의 후각이 발달해서 강의 냄새를 맡고 돌아온다는 것이다.

사실 이에 대해서는 논박할 여지가 충분히 있어 보인다. 그리고 가설이 이렇게 많다는 건 아직 과학적으로 명백한 증거가 없다는 말이 되기도 한다. 하지만 분명한 것은 연어가 돌고 돌다가 자기가 태어난 강으로 돌아온다는 것이다. 희한하게도 말이다.

사람도 이런 영적인 회귀본능을 가졌는지 모르겠다. 교회학교에 소망을 걸고 있는 사역자들은 이것을 기대한다. 내가 뿌린 복음의 씨앗이 언젠가 열매가 맺길 바라면서 투자한다.

설령, 아이들이 지금은 복음을 이해하지 못하고 재미로 온다고 해도 인생 어느 순간 힘들어지고 아프면 하나님께로 돌아올 수 있게 하나님이나 교회에 대한 행복한 기억을 심어 주고 싶은 것이다. 아이들을 볼 때마다 그런 막연한 소망을 두고 가르치게 된다.

2) 영적인 추억 심기

김포 두란노교회 이상문 목사가 바라는 것도 이런 소망이었다. 이상문 목사는 이것을 '영적인 추억 심기'라고 했다. 교회에 오는 아이들에게 행복했던 순간, 하나님과 만났던 기억을 심어주고 싶다는 것이다. 나중에라도 살다가 느낄 수 있는 영적인 그리움을 기대하면서 말이다. 그것이 달란트 시장이나 여러 가지 프로그램과 연결되어 있기도 하겠지만, 이 교회는 그 영적인 추억 심기를 하려고 노력하는 교회였다.

가령, 〈어특새〉라고 불리는 '어린이 특별새벽기도회'가 그중에 하나이다. 〈어특새〉를 제일 처음 한 것은 이상문 목사가 신학교를 가려다 목회자는 아닌 것 같아 학교를 들어가지 않고 다른 일을 할 때였다. 그때 이상문 목사는 교회학교에서 교사로 봉사를 했는데, 23명 모이던 교회를 6개월 만에 200명으로 만들었다고 한다. 그런데 그 200명을 데리고 특별새벽기도회를 하고 싶은 생각이 들었단다.

이상문 목사의 어머니는 부흥회 때 어린 아들을 새벽기도회에 데리고 다녔는데, 그때 생각이 났단다. 이것도 큰 맥락에서는 '영적 추억'인지도 모르겠다. 그 기억 때문에 아이들을 데리고 새벽기도회를 했는데, 아이들이 100여 명이 나왔다고 한다.

그리고 그때 그는 특이한 경험을 했다. 아이들을 데리고 통성기도를 했는데, 20-30명이 방언을 하게 되었다는 것이다. 아이들도 새벽기도회가 가능하고, 방언을 받을 수 있다는 것을 그는 확신했다. 그리고는 예배를 드리고, 바로 앞에 있는 초등학교에 가서 아이들과 축구를 하고 학교로 보냈다고 한다.

그 경험으로 두란노교회에도 〈어특새〉를 만들게 되었다. 〈어특새〉는 봄방학 기간 아침 7시에 하는데, 아이들이 새로운 학교에 들어가기 전에 "우리는 두렵지 않아요"라는 주제로 진행된다.

보통 어린이부가 300명이면, 그중 절반 정도가 나오는데 아이들 특성상 특별기도회는 부모가 동반한다고 한다. 그러면 어머니나 아버지가 따라오기 때문에 〈어특새〉 또는 〈부특새〉가 된다. 아이들 때문에 부모까지 기도회에 나오는 것이다. 그리고 아침을 주고 특별새벽기도회 마지막 날은 달란트 시장을 진행한다. 새벽기도회에 올 때마다 아이들은 달란트를 받는데, 그것을 받기 위해 기를 쓰고 온다.

새벽기도회를 늘 할 수 없어서 만든 것이 〈새여시〉, 곧 '가족과 함께 새벽을 여는 시간'이다. 〈새여시〉는 한 달에 한 번씩 토요일 아침 7시에 하는 새벽기도회이다. 각 부서의 어린이들이 주관하는데 유치부이면 유치부 아이들이 나와서 기도하고, 성경 읽고, 찬양 인도를 하는 시간이다. 이때는 가족들이 함께 나와 설교를 듣고, 아침 식사를 하면서 설교에 관한 대화를 한다. 목사님 설교에서 느낀 게 있는지, 어떤 생각이 들었는지에 대한 신앙적인 대화 시간을 갖게 하는 것이다.

그리스도인 가정이라고 하더라도 부모와 아이가 신앙적인 이야기를 나누지 않기 때문에 훈련시키는 프로그램이고, 부모와 아이가 신앙적인 대화를 할 수 있게 하고, 가정예배를 할 수 있는 분위기를 만들어주는 훈련이다. 물론 이때도 아이들의 출석을 독려하기 위해 행운권 추첨이나 보물찾기를 진행하므로 예산이 들기는 하지만 이런 수고와 노력을 통해 김포 두란노교회는 이 모든 것이 아이들의 인생에 언젠가 생각이 나길 기대하며 준비한다.

그런데 인근에 이런 것도 소문이 난다고 한다. 그래서 김포 두란노교회는 아이들을 신앙으로 잘 지도할 수 있는 교회, 그리고 끊임없이 노력하는 교회로 소문이 나서 아이를 신앙으로 양육하고 싶은 부모들이 찾아온다고 한다.

3) 교회학교에 대한 추억

2021년 11월 4일 CBS 기독교방송 뉴스에 '한국교회탐구센터'가 조사한 설문 내용이 보도되었다. 최근 5년 이내에 교회에 출석하기 시작한 사람들을 대상으로 한 설문 조사였다.

전도 경로와 신앙생활 등을 살펴보는 설문 조사였는데, 절반 이상은 지인들의 전도를 받았지만 거의 4명 중 1명꼴인 24.1퍼센트의 사람들은 예전에 교회를 다녔던 기억이 나서 오게 되었다고 대답했다. 그 대답은 20대에서 높게 나타났고, 그래서 그것을 교회학교의 영향이라고 분석했다. 인터뷰를 하면서 평신도들을 만나 보니 교회학교에 다니다가 '돌아서 돌아서' 교회로 다시 오시는 분이 많이 있었다.

대학을 가면서 자연스럽게 떠났던 사람들도 결혼생활이 힘들어졌을 때, 건강이 안 좋아졌을 때, 사업이 안 되어 인생이 곤고할 때 교회로 돌아오게 되었다고 한다. 어떤 분은 현재의 삶이 너무 힘들었는데, 어릴 때 교회에 갔던 기억이 나서 교회를 다시 오게 되었다고 한다.

또 어떤 분은 "내가 이 순간 하나님께로 가면 살 수 있을 것 같은 생각이 들었다"라고 말하기도 했고, 어떤 분은 "교회에 가면 우리 부부가 회복될 수 있을 것 같은 생각이 들었다"라고 말하기도 했다. 교회가 아이들을 만나면서 품었던 막연한 소망이 '진짜'였다.

교회에 오는 사람 중 일부는 교회학교에서의 행복한 기억 때문에 교회를 다시 온다. 초등학교에 다니면서 교회가 주었던 긍정적인 추억이 그들을 다시 교회로 안내한 것이다. 달란트 시장을 하고, 찬양을 하고, 놀기도 하고, 때로는 성경공부를 하기도 하고, 그 다양한 활동 중 어느 한 장면, 또는 한 사건, 그것도 아니면 전반적인 따뜻한 느낌이 그들을 교회로 다시 인도한다. 인터뷰로 그것을 확인하면서 내내 마음이 흡족했다.

적어도 교회학교가 하는 일이 완전히 의미 없는 것은 아니구나!

큰 위안을 받았다. 이상문 목사의 말대로 진짜 영적인 추억을 잘 심어놓으면 언젠가 살다가 힘들 때, 또는 어떤 계기가 생겼을 때 하나님께로 돌아올 길이 다시 열릴 것이고, 그들을 맞이하는 일을 교회가 해야 하는 것이다.

7. 성공 포인트 요약

1) 교회 전체 요인

첫째, 김포 두란노교회는 홍보에 강한 교회이다
 아파트가 들어선 신도시에 이사를 오는 사람들은 교회를 다시 찾아야 한다. 김포 두란노교회는 사람들의 상황을 이해하고, 버스 정류장과 같은 대중적인 장소에 교회를 홍보했다. 가장 손쉬운 방법이지만 효과가 좋은 방법으로 교회를 홍보하며, 사람들에게 어필한 것이다.

둘째, 이 교회는 동네 주민에게 개방적이다
 김포 두란노교회는 "동네 주민들에게 이익을 취하겠다"라는 생각을 하지 않으면서 무료로 교회의 시설물을 자유롭게 쓰게 한다. 커피숍이나 놀이 공간을 기꺼이 내준다. 동네 어른들이 주중에 활동할 수 있도록 하고, 아이들의 예배 공간에 노래 교실, 미술 교실, 체조 교실, 탁구 교실을 오픈해서 사람들이 오도록 만든다.

셋째, 교회학교에 대해서는 교회 전체가 지원을 아끼지 않는 교회이다
 김포 두란노교회 교회학교에는 정해진 예산이 없다. 교회학교에서 무엇을 하려고 하면 언제든지 지원하고, 교회학교 담당자들이 일할 수 있도록 필요한 것을 마련해 준다.

넷째, 지역 거주자들의 필요에 민감한 교회이다

방화에 있을 때는 〈아기 학교〉로, 운양에서는 시설개방으로 지역주민들의 필요에 반응했다. 교회는 지역의 일부분이기에 지역 사회의 필요에 항상 열려 있어야 한다.

다섯째, 어린 자녀를 두고 있는 부모의 입장을 배려하는 교회이다

김포 두란노교회는 자녀를 가진 부모가 어떤 마음인지 항상 생각했고, 그것을 배려하며 예배 공간과 예배 기획을 진행한다. 그래서 부모들이 더 편한 마음으로 교회에 올 수 있는 상황이 만들어지는 것이다.

여섯째, 교회학교 목회가 전체 목회의 우선순위인 교회이다

김포 두란노교회는 교회학교 아이들도 담임목사가 목회해야 하는 목회의 한 부분이라고 생각하고 있다. 일반 교회들의 교회학교는 아이를 교육전도사나 담당 목사에게 맡기고, 담임목사는 신경을 많이 쓰지 않는다. 또한, 특별새벽기도회나 아이들을 위한 교육에 많은 시간을 할애하지도 않는다. 그러나 김포 두란노교회는 아이들 목회를 중요하게 생각한다.

일곱째, 아이들과 부모에 대한 목회를 동시에 생각하는 교회이다

'아이들 목회'는 '부모 목회'이다. 그래서 김포 두란노교회는 어느 교회보다 아이들의 부모에 관한 생각을 많이 하고, 배려하고, 교육하는 목회를 진행하고 있다.

2) 교회학교 요인

첫째, 헌신 된 선생님들이 있다

코로나 기간에도 교회학교 선생님들은 계속 아이들과 연락을 했고, 간식이나 선물을 문고리로 전달하기도 했다. 한 부서는 교육전도사가 없는데도 선생님이 설교를 준비하고 매주 다른 활동을 준비한다.

둘째, 아이들을 진심으로 돌보고, 사랑한다

아이들에 대한 지속적인 관심과 사랑으로 인해 부모가 감동하게 만든다.

셋째, 재미있는 교회학교를 만들려고 노력한다

제2부

논산 한빛교회

1. 교회의 입지와 현황

    논산 한빛교회는 충청남도 논산시 취암동에 있다. 논산은 2023년 5월 기준 인구가 약 11만 명(약 111,717명)이 사는 도시이다. 10년 동안 인구가 12만 명에서 계속 감소하고 있는 소도시이다. 20세 미만 인구수는 14,944명으로, 논산 인구의 약 13.3퍼센트에 해당한다.

    논산 한빛교회의 현재 교인은 장년 300명, 어린이 130명, 청소년 60명 정도 출석한다. 일반적인 교회에서는 청년을 장년으로 분류하는데, 논산 한빛교회는 청년 50명을 교육부에 넣는다. 그래서 논산 한빛교회 분류법대로라면 장년 250명, 교육부가 240명이 된다. 코로나 이전 대비 약 80퍼센트 정도 성장했고, 계속 성장하고 있다.

    논산 한빛교회는 아파트 단지에서 걸어서 올 수 있는 곳에 있지만, 논산 시가지 자체가 작다. 논산 시내라고 볼 수 있는 모든 시가지가 걸어서 35-40분대, 자전거로 15분대에 갈 수 있는 곳에 있다. 논산 한빛교회에서 가장 가까운 초등학교는 논산내동초등학교로 학생 수는 1,112명이다.

논산 한빛교회 근처에는 논산시민운동장이 있고, 좀 외곽진 곳에 교회가 있다. 근처 5분 거리에 아파트 단지가 있지만, 주위의 풍경은 전형적인 소도시의 소담한 풍경이다. 넓은 논밭이 보이는 농촌은 아니지만, 그렇다고 편의시설이 잘 갖춰진 곳도 아니었다. 교회 근처 가게는 편의점이 한두 개 정도 있고, 공인중개사 사무소가 한두 개 있었다. 교회 근처는 상권이 발달한 곳도 아니라 식당 한두 개 정도가 전부였다. 교회 입구는 편도 1차선 도로가 놓여있는 길가여서 교회 주변에 아이들이 놀 만한 곳은 없었다. 5분 거리 떨어진 맞은편 아파트 단지 안에 놀이터 정도 뿐이다.

논산 한빛교회는 산을 깎아 만든 교회이고, 논산 시내 중심에서는 다소 구석에 자리 잡은 교회로 대지 면적 4,209평이고 교회 본관이 건평 662평이다. 건물은 두 개로 구성되어 있는데 본당이 있는 건물과 옆에 부설 어린이집이 있는 건물이 있고 어린이집이 있는 건물 2층에 성경 카페가 있다.

교회 본당까지는 경사가 약 30도 정도 되는 가파른 길로 되어 있고, 본당으로 가는 길 양쪽 옆에 주차장과 축구장이 있다. 교회 본당 건물은 입구에서 약 3-5분 정도 올라가야 하는 곳에 있다. 올라가는 길에는 계단식 논이 있는 것처럼 아래에서부터 풋살장과 주차장, 트램플린과 어린이집, 본관 순으로 되어 있다.

2. 교회 소개

논산 한빛교회는 1989년 8월 강신정 목사 부부가 개척한 교회이다. 강신정 목사는 원래 충청남도 홍성이 고향이다. 임지를 두고 기도원에서 기도하다가 우연히 만난 집사님이 "내 집에 세가 사니까 와서 교회를 개척하라"라고 하기에, 간 곳이 논산이었다.

돈이 있었던 것이 아니었기 때문에, 강대상과 간판만 들고 가서 방 앞에 둔 것이 교회 개척의 시작이었다. 교회를 개척하고 첫날 예배에 앞서 앞집 살던 젊은 새댁과 아이들, 그리고 딸 집을 잠깐 방문했던 옆집 할머니와 손녀딸이 첫 예배자로 왔었고, 그렇게 개척이 시작되었다.

논산 한빛교회는 지금의 예배당으로 교회를 옮기기 전까지 10번 이사를 했고, 예배당이 없을 때는 남의 집 거실과 안방을 빌려서 예배를 드리기도 했고, 빈 땅에 천막을 치고 예배를 드리기도 했다. 그러다가 2009년 6월 지금의 예배당으로 이사를 하게 되었다.

지금 예배당으로 이사를 하기 전 교회에 불이 났었는데, 그때 중국에서 사역하고 계셨던 한 선교사가 위로차 강신정 목사를 방문했다. 그 선교사가 교회를 건축해야 한다고 하면서 땅을 보러 가자고 해서 본 곳이 지금의 예배당 위치였다. 당시 예배당 자리는 산이었고, 교회는 산을 깎아서 만들었다.

논산 한빛교회 교회학교가 성장하기 시작한 시점은 교회를 지금의 예배당으로 옮기고 나서부터였다. 그전에도 교회학교가 있었지만, 눈에 띄게 성장하지는 않았는데, 지금의 예배당으로 옮기고 아이들이 모이기 시작했다.

3. 호기심: 영적 여정의 시작점

1) 호기심(Curiosity)

『큐리어스』(*Curious*)의 저자 이언 레슬리(Ian Leslie)는 "호기심은 인간의 네 번째 욕구"라고 주장한다. 즉, 식욕, 성욕, 주거욕이라는 세 가지의 욕구와 함께 인간이 본능적으로 가지고 있는 욕구가 호기심이라고 한다. 호기심은 인간이 새로운 것을 추구하는 모든 욕망에서 비롯된다. 인간은 태어나면서부터 나는 모르는데 남은 알고 있는 것에 대해 궁금해한다.

그래서 아이는 말을 하기 시작하면서 끊임없이 질문한다. 수많은 질문을 하던 아이는 차차 자라면서 많은 자극에 대책 없이 휘둘리지 않고 세상을 살아가는 방법을 배운다. 그 과정에서 호기심은 자연스럽게 줄어들고, 점차 관심이 있는 영역에만 호기심을 가지게 된다.

호기심에 대한 정의는 다양할 수 있지만, 레슬리는 호기심을 "'정보 간극'에 대한 인간의 반응이다"라고 말한다. 인간은 '알고 있는 것'과 '알고 싶어 하는 것' 사이에 간극이 있을 때 호기심을 느낀다는 것이다.

피아제(Jean Piaget, 1896-1980)에 의하면, 인지 불일치가 아주 작으면 무시하게 되고, 너무 어마어마해서 감당할 수 없으면 부인하게 된다. 쉽게 말하면, 호기심을 자극하게 되는 것은 어느 정도 지식이 있는 상태에서 아직 모르고 있는 부분이 있다고 느낄 때 사람들은 호기심을 가지게 된다. 그러므로 아예 모르는 부분이거나 다 안다고 생각하는 영역에는 호기심이 생기지 않는다.

호기심은 많아졌다 줄어들었다 할 수 있는 유동적인 특성이 있는데, 태어날 때부터 호기심의 양이 정해져 있는 것이 아니라 늘기도 하고 줄기도 한다. 심지어 하루 동안에도 그런 반응이 나타난다. 특히, 아이들의 호기심은 주변 환경에 매우 민감하다고 한다. 그래서 아이의 경우 물리적인 환경도 중요하지만, 아이가 만날 수 있는 어른들의 역할도 중요해지게 된다. 어떤 어른을 만나느냐, 아이가 어디에 있느냐에 따라 어떤 영역에 대해 아이의 호기심이 증가하기도 하고 감소하기도 한다는 말이다.

영적인 부분도 마찬가지이다. 교회와 교회학교의 환경으로 영적 호기심을 만들어 낼 수도 있고, 없기도 한 것이다. 교회를 다닌다고 아이가 무조건 영적 호기심을 갖는 것은 아니니까 말이다. 논산 한빛교회 교회학교 아이들은 영적 호기심이 많은 편이었다.

그럼, 논산 한빛교회는 어떻게 아이들이 이런 영적 호기심을 갖게 했을까?

2) 영적인 호기심의 시작

논산 한빛교회 교회학교가 달라지기 시작한 것은 약 10년 전부터였다. 주일낮예배 후 담임목사가 입구에서 참석한 교인들과 인사를 하는데 네 살쯤 된 한 아이가 강신정 목사에게 안수기도를 해 달라고 부탁했다. 그래서 강신정 목사는 아이에게 기도를 해 줬다. 그런데 그 아이는 그 후 매주 안수기도를 부탁했고, 부모님을 따라온 다른 아이들도 기도해 달라고 요구하기 시작했다.

기도해 달라는 아이들이 하나둘씩 늘어나면서 강신정 목사는 예배를 드리고 나가는 어른들과 인사를 할 수 없게 되었다. 그래서 아이들에게 수요일에 오면 안수해 주겠다고 약속했다. 그 후부터 아이들은 수요일에 안수기도를 받기 위해 예배에 나오기 시작했다.

처음에는 아이들이 수요일에만 왔는데, 얼마 지나지 않아 금요일에도 오기 시작했고, 강신정 목사는 금요예배 후에도 아이들을 강단으로 불러 안수기도를 해 주기 시작했다. '한 아이 한 아이' 이름을 부르며 그 아이들을 위해 기도했다. 아이들은 하나둘씩 오기 시작했다. 처음에는 아이들이 예배를 드리지 않고 밖에서 놀다가 예배가 끝나면 들어와서 안수를 받았는데, 예배를 드린 아이들만 안수를 주겠다고 했더니 아이들이 예배를 드리기 시작했다.

그러던 중에 4, 5살쯤 된 다른 아이도 기도를 받았는데, 그 아이의 말이 다른 아이들의 영적인 욕구를 더 자극하게 되었다. 강신정 목사의 기도를 받은 그 아이가 집에 가서 엄마에게 이렇게 말했다고 한다.

엄마!
목사님이 안수할 때 분명히 뜨거운 물로 손을 씻는 것 같아.
목사님이 기도를 하는데 내 머리가 탈 것 같았어.

그리고 다음 주에 그 아이가 다시 기도를 받으러 왔는데, 기도를 받은 후 강신정 목사의 손을 펴 보더니 말했다고 한다.

어, 아무것도 없네. 여기 구멍에서 불이 나왔는데…

이 아이의 말은 교인들 사이에 퍼졌고, 부모들은 아이들을 교회에 데리고 오기 시작했다. 처음에는 부모가 데리고 왔는데, 얼마 후 아이들 스스로 영적인 것을 경험하길 원했다. 그렇게 해서 아이들은 '열정적인 예배자'가 되었다.

3) 영적인 훈련의 장

수요예배와 금요예배는 어른들을 위한 일반적인 예배임에도 불구하고 아이들은 찬양 시간부터 안수기도 시간까지 자리를 떠나지 않고, 부모님을 보채지도 않고, 자기들끼리 제일 앞자리에 앉아 예배를 드린다. 예배가 끝나면 아이들은 강단으로 올라가 무릎을 꿇고 기도를 받는다. 강단에 올라온 아이들은 적어도 20분 가량 기도하게 훈련한다. 물론, 20분 동안 기도하지 못하는 아이들도 있지만, "20분은 버텨 보라"고 권면한다.

사역자들은 그 아이들 옆에서 함께 기도로 동역한다. 아이들이 기도를 해볼 수 있게 모범을 보여 주고 담임목사는 돌아다니면서 '한 아이 한 아이'를 위해 기도한다. 마치 부흥회에서나 볼 수 있는 안수기도를 한다.

몇 주씩 하는 특별새벽기도회와 매월마다 진행되는 월삭새벽기도회는 아이들이 참석하는 대표적인 영성 프로그램이 되었다. 내가 방문했을 때도 2주 간의 특별새벽기도회가 막 끝난 후였다. 보통 방학에는 전날 40-50명의 초등학교 아이들이 교회에서 파자마 파티를 하고, 다음 날 새벽기도회에 참석한다. 학기 중에는 이보다는 적지만, 아이들은 한 달에 한 번 꾸준히 월삭기도회에 참석한다.

중, 고등부 아이들의 경우 약 20명 정도 예배에 참석하고 있다. 아이들은 이 예배를 통해 기도하는 어른들 옆에서 기도를 배운다. 예배를 드리고, 함께 교회에서 밥을 먹고, 역할을 분담해서 설거지를 한다. 그리고 식사가 끝나면 함께 축구 등을 하며 시간을 보내다가 학교에 간다. 아이들 사이에 새벽예배는 특별하고 즐거운 유행처럼 퍼졌다. 새벽예배를 나오는 아이들은 새벽기도회를 너무 사모하고 좋아한다.

그래서 새벽에 부모님이 교회를 다니지 않는 아이들은 부모님이 데려다줄 수 없는데도 교회 차량이나 선생님 차를 타고 교회로 온다.

아이들은 재미있는 행사에 참여하는 것처럼 새벽부터 들뜬 마음으로 교회를 가기 위해 기다린다.

방학에는 3주 동안 영성 훈련을 하는데, 초등학생부터 청년까지 신청을 받고, 참가자들은 3주 동안 함께 훈련을 받는다. 이 프로그램은 교회학교 전 연령대가 함께 하는 프로그램과 각 나이별로 나뉘어서 하는 프로그램이 섞여 있다. 참석자들은 성경을 읽고, 성경을 암송하고, 성경공부를 하고, 기도한다.

아이들은 참석하면서 자연스럽게 말씀을 읽고, 묵상하고, 말씀을 암송하고, 기도하는 것을 배운다. 각자 속해 있는 팀으로 다양한 활동을 하기도 하고 함께 식사하고 설거지를 하며 3주를 보낸다. 아이들은 이때 말씀을 통해 은혜를 받으며 영적인 체험을 하기도 한다.

논산 한빛교회는 모든 예배에서 통성기도를 자연스럽게 하고 있다. 교회학교 주일예배에서도 통성기도를 하고, 이미 많은 아이가 방언을 한다. 처음에 오면 이런 분위기에 놀라는 아이들도 있지만, 차츰 그것에 호기심을 가진다. 그리고 이내 자기도 직접 그런 경험을 하고 싶어 한단다. 논산 한빛교회는 처음 온 아이들이든 오래 교회를 다닌 아이들이든 동일하게 기도하는 분위기에 아이들을 노출하고 호기심이 생기게 만들며 해보고 싶은 마음이 들게 한다. 그리고 함께 기도하면서 기도를 배워가고 훈련해 나간다.

4) 친구 따라 강남 간다

교회학교의 이런 분위기가 어떻게 가능할 수 있었을까?

한빛교회에는 밴드왜건 효과(Bandwagon Effect, 편승 효과)가 제대로 생겼다. 밴드왜건 효과는 우리나라 속담에 '친구 따라 강남 간다'는 말과 같다. 다른 사람이 하니까 나도 한다는 식의 의사결정을 이르는 말이다. 실제로 일상에서 이런 경우가 많다. 친구 따라갔다가 옷을 사고 동생이 해서 나도 무엇을 하게 되는 경우가 많다. 따지고 보면 '유행'이라는 것도 그런 것이다.

패션 트렌드에서 어떤 것은 처음에 이상해 보이는데 너도나도 하는 모습을 보니 익숙해지고, 세련되어 보이는 경우가 있다. 그렇게 해서 사람들은 "모방 소비"를 한다. 소비뿐만 아니라 이런 현상은 영적인 것에도 적용되는 것 같다.

논산 한빛교회 아이들이 영적인 것에 영향을 받게 된 계기부터 이런 분위기가 있었다. 그래서 기도를 하고 안수기도를 받는 것이 유행처럼 되었다. 첫 시작은 몇몇 아이의 호기심에서 시작되었지만, 그 호기심은 논산 한빛교회 교회학교의 영적인 분위기를 주도하게 되었다. 일단, 그런 분위기가 형성되니 다른 아이들이 와도 그 아이들은 이 분위기에 쉽게 동화되었다. 이미 기도를 하는 것이 자연스러워졌기 때문에 한 아이가 와도 조금 더 쉽게 적응할 수 있게 된 것이다.

아이들은 아이들이 더 잘 설득하는 것 같다. 부산 함께하는교회 수석 부목사와 이야기하면서 전도 집회 이야기를 한 적이 있었다. 함께하는교회의 전도 집회는 다양한 행사를 준비하기도 하지만, 그 부서에 있는 아이들의 간증이 있다고 한다. 부목사는 몇몇 친구에게 전도 행사에 관한 이야기를 나누면서 어린아이들의 간증에 대한 언급을 한 적이 있었다고 했다. 그런데 그 부목사의 친구들은 하나같이 이처럼 물었다고 한다.

어린아이가 어떻게 간증을 하니?

그 부목사의 말에 의하면, 아이들의 전도 집회에는 '아이들의 간증이 가장 효과가 있다'라고 한다. 아이들은 어른들이 하는 간증을 '꼰대의 이야기' 정도로 이해하는데, 자기 또래 아이들이 간증할 때는 그것을 진지하게 받아들인다는 것이다. 그래서 부산 함께하는교회의 전도 집회에는 아이들의 간증 순서가 반드시 들어간다고 했다.

논산 한빛교회의 영적인 분위기도 그렇다. 방언하고 기도하는 분위기가 형성된 논산 한빛교회는 아이들이 오면 자기네들끼리 이야기가 회자되면서 더 많은 영향을 주고받는 것 같다. 새로운 아이가 오면 이미 기존에 다니고 있던, 그 분위기에 익숙한 여러 명의 아이는 그 아이에게 영향을 미치게 된다. 이 친구도 기도하고, 저 친구도 기도하면 기도를 하지 않는 것이 이상한 일이고, 이상한 모습이 되는 것이다.

십 대 아이들의 또래 동조적 성향이 여기에서도 그대로 나타나고 있는 것일 테다. 십 대가 되면 아이들의 삶에서 중요한 것이 부모에서 또래 집단으로 옮겨진다. 아이들의 또래 집단은 가치관, 태도, 행동, 정서 등 다방면에 영향을 미치게 된다. 그래서 어떤 친구를 만나느냐에 따라 아이의 삶이 달라지는 것이다. 십 대 아이들의 이런 속성 때문에 아이들은 교회 내의 또래 집단에서 하는 기도에 영향을 받게 되는 것이다.

그리고 다른 친구들이 다 하는 그 기도를 나도 해보게 되는 것이다.

4. 은신처

1) 너와 나의 거리 0.46미터

문화인류학자였던 에드워드 홀(Edward Hall, 1914-2009)은 인간과 공간의 관계를 연구한 사람으로 근접학의 기초를 세운 학자였다. 홀은 『숨겨진 차원』(Hidden Dimension)이라는 책에서 인간이 공간을 사용하는 방식을 연구했다. 그는 사람과 사람 사이의 거리에 따라 인간관계를 네 가지로 나누었는데, 그가 말한 네 가지의 거리는 다음과 같다.

첫째, '친밀한 거리'이다. 이 거리는 속삭이며 은밀한 대화를 할 수 있는 거리로 '46센티미터'이다. 이 거리를 가질 수 있는 사람들은 매우 친밀한 유대관계가 있다는 것을 전제한다.

둘째, '개인적 거리'이다. 이 거리는 '46-120센티미터'로 나직한 목소리로 사적 또는 공적인 대화를 할 수 있는 거리이다. 또한, 친구 또는 가깝게 아는 사람들이 전형적으로 유지하는 거리이다.

셋째, '사회적 거리'이다. 이 거리는 '1.2-3.6미터로 분명한 목소리로 공적인 화제를 나눌 수 있는 거리이다. 또한, 일반적으로 사회

생활을 할 때 맺게 되는 수많은 관계가 이 영역에 속한다.

넷째, '공적 거리'이다. 이 거리는 '3.6미터'로서 큰 목소리로 청중을 향한 이야기를 나눌 때의 거리를 말한다. 보통 강의할 때도 이 정도의 거리가 유지되어야 사람들은 편안한 마음을 갖게 된다고 한다.

사람은 친밀함이나 관계의 유형에 따라 다른 거리를 가지게 된다. 친밀함에 따라 공간을 사용하는 것도 다르다. 공간이 넓어도 친밀하지 않은 사람과 있으면 불편할 수 있고, 공간이 좁아도 친밀한 사람과 있으면 편안함을 느낄 수 있다. 어떤 사람과 있느냐에 따라 공간이 사람들에게 편안함을 주기도 하고 불편함을 주기도 하는 것이다. 그러므로 편안함이란 반드시 온도나 습도가 맞아서 생기는 물리적인 의미만을 갖지는 않는다.

그렇다고, 물리적인 편안함이 배제되는 것도 아니다. 편안한 공간이 될 수 있는 다양한 요소가 있고, 거기에는 복잡한 역동이 있다. 가령, 그곳이 어떻게 꾸며져 있는지, 무엇이 있는지, 어떤 사람들이 있는지 등이 한 공간 안에서 복합적으로 작용한다. 사람들이 편안하다고 느끼는 이유를 정확하게 집어서 설명하지는 못하지만, 그들이 편안하다고 느끼는 곳이 있고, 편안하다고 느끼면 그곳을 가게 된다.

사람들이 편안함을 느끼는 곳에 가고 싶은 것은 '본능'일 것이다. 흔히 디지털 네이티브(Digital Native) 세대는 전자기기를 더 좋아하는 세대라 이런 영향을 전혀 받지 않을 것이라고 오해하고, 집에서 컴퓨터만 있으면 된다고 생각한다. 태어날 때부터 전자기기에 익숙해서 옆에 있는 친구와 카톡으로 대화하는 아이들은 기성세대와는 다르다고 말이다.

그러나 역설적인 것은 전자기기가 발달해도, 그리고 그 기기를 많이 사용한다고 해도 아이들은 친구들과 만나서 같은 공간에서 게임을 한다. 아이들도 친구들과 만나고 싶은 접촉의 욕구가 여전히 강하다는 것이다.

아이들이 좋아하는 인터넷으로 하는 커뮤니케이션은 독특한 특성이 있다. 사람들은 고립이 싫어서 인터넷 접속을 하지만, 인터넷에 대한 심취와 중독은 더 심각한 고립을 만든다. 갈증이 더 심각한 갈증을 만드는 것이다. 따라서 역설적이지만 인터넷 커뮤니케이션 수단이 발달한 현대 사회에서 인간은 더 고립감을 느낀다. 이런 역설로 인해 사람들은 더 접촉을 원한다.

그리고 사람 간 접촉의 욕구가 충족되지 않으면 문제가 생긴다. 사람들은 인터넷으로 많은 소통을 하지만 그것을 통해서는 사람 간 만남의 욕구가 완전히 충족되지 않는 것이다. 이것은 비단 어른들만의 문제가 아니다. 아이들도 동일하다. 논산 한빛교회 교회학교는 아이들의 이런 욕구를 건드린다. 그리고 아이들이 접촉할 수 있는 공간을 만들어 주고 있다.

2) 동네 사랑방: 성경 카페

논산 한빛교회는 성경 카페를 만들었다. 성경 카페는 논산 한빛교회가 처음 한 것은 아니다. 제일 처음 시작한 곳은 천안의 '가족 성경 통독 카페'였다. '가족 성경 통독 카페'는 2019년 코로나 시기에 천안에서 이연숙 전도사가 처음 운영했다. 성경 카페는 성경을 3장 읽으면 들어갈 수 있는 아이들의 카페이다. 일단 성경을 3장 읽고 들어가면, 아이들이 즐겨 먹는 과자와 음료수, 컵라면 등이 무료이다. 천안에서 처음 시작할 때 성경 카페는 아이들이 하루 놀다 가는 식으로 운영하기 위해 만든 공간이었다. 논산 한빛교회에 성경 카페를 오픈하게 된 것은 3명의 교인이 한 세미나에서 천안 성경 카페에 대한 이야기를 듣고 교회에 도입한 것이다.

논산 한빛교회의 성경 카페는 교회 본당 건물 옆에 있는 유치원 건물 2층에 있다. 규칙은 동일하다. 논산 한빛교회의 성경 카페도 성경을 3장 읽어야 들어갈 수 있다. 일단 성경을 3장 읽고 들어가면 마음대로 간식을 먹을 수 있고, 토요일처럼 아침 일찍 여는 날은 점심을 해 주기도 한다.

성경 카페는 평일 낮 3시에서 7시까지 개방하고 토요일은 오전부터 개방한다. 성경 카페는 시간이 있는 평신도들이 헌신하여 봉사한다. 재정도 교회에서 별도로 주는 것이 아니라 후원으로 운영된다. 후원으로 운영하는 것이라 재정이 풍족하지는 않지만 부족하지도 않다.

성경 카페는 들어갈 때 성경을 3장 읽어야 하는 것 말고는 별도의 규칙이 없다. 아이들은 거기에서 학원이나 학교 숙제를 하기도 하고, 대화도 하고 먹기도 하면서 쉰다. 책을 읽는 아이들은 드물지만 많은 대화를 하는 것이다. 거기서 얼마간 시간을 보내다가 학원 갈 시간이 되면 가고, 볼 일이 있거나 부모님이 찾으면 되돌아간다.

말 그대로 아이들의 '사랑방'이다. 거기는 특별한 프로그램이 없다. 단지, 다른 아이들과 봉사자들만 있을 뿐이다. 아이들이 주로 많

은 접촉을 하는 사람들은 또래의 아이들이다.

나는 아이들이 네 시간 동안 도대체 뭘 하면서 시간을 보내는지 궁금했다. 아이들은 거기에서 주로 대화를 하면서 논다고 한다. 학교에서 있었던 이야기, 이성 친구 이야기, 부모님 이야기, 친구 이야기 등 그야말로 다양한 대화를 한단다. 남자 아이들도 예외는 아니라고 한다. 아이들은 친구들과 이야기하지만, 거기에서 봉사를 하는 교회학교 선생님들과도 다양한 이야기를 나눈다고 한다.

특히, 부모님들이 일 때문에 늦게 오셔서 집에 아무도 없는 아이들은 그곳의 단골 손님이 되어 많은 시간을 거기에서 보낸다고 한다. 교회를 다니지 않는 동네 아이들도 친구를 따라와 그곳에서 성경을 읽고 함께 시간을 보낸다.

그곳에서 주로 봉사를 하는 담당 선생님은 상담을 공부하셨는데, 아이들과 대화하다가 아이들이 상담을 요청하면 일대일로 상담을 하기도 한다. 아이들은 굉장히 심각한 가정사와 개인적인 고민을 나누고 다양한 문제로 힘든 정서적인 문제도 나눈다. 흔히 있는 일은 아니었지만, 성경 카페를 왔던 동네 아이들이 가출을 하고는 갈 곳이 없어 늦은 시간에 담당 집사님에게 전화를 하기도 했단다. 그러면 집사님과 교회의 사역자들은 그 아이를 만나 다독이고, 부모에게 연락하여 다시 집에 돌아갈 수 있게 도와주기도 했다고 한다.

성경 카페를 담당하고 있는 집사님에 의하면, 요즘 아이들은 참 다양한 문제로 고민을 하고 있고, 부모님과 가정 안에서의 갈등으로 힘들어 하는 아이들이 많은데, 그 아이들이 고민을 나눌 수 있는 곳이 성경 카페라고 한다. 평일에 논산 한빛교회의 성경 카페는 아이들이 자기의 마음을 나눌 수 있고, 정서적 지지를 받을 수 있는 곳이 된다.

그러다가 교회에 등록한다. 실제로 성경 카페는 교회를 다니지 않는 아이들이 친구를 따라왔다가 교회학교 예배에 나오는 경우가 있고, 심지어 부모들도 오게 되는 경우가 있다고 한다.

3) 사적 공간

논산 한빛교회의 성경 카페는 우리에게 몇 가지 질문을 하게 한다.

아이들이 도대체 왜 성경 카페에 가는가?
아이들은 거기에서 무엇을 하는가?

아이들은 왜 또다시 거기에 가는가?

아이들이 성경 카페를 가는 이유는 성경을 읽기 위해서는 아니다. 성경을 읽으려면 집에서 혼자 읽어도 충분하다. 더 정직하게 말하면, 성경 읽는 것을 사모하는 아이는 참 드물다. 그러면 아이들이 그곳에 가는 이유는 그것을 제외한 나머지일지도 모른다.

친구가 있어서!
맛있는 간식이 있어서!
쉴 수 있어서!
편안해서!

'사랑방'이란 원래 어떤 특별한 목적이 있어서 가는 곳이 아니다. 사람들이 여유시간을 다른 사람과 보내기 위해서 가는 곳이다. 거기에서 어떤 사람은 멍때리거나 짧은 잠을 자기도 하고, 음식을 해서 먹기도 한다. 물론, 함께 오락을 하기도 하고, 이야기를 하기도 한다. 오락을 한다고 해도 매일 프로그램으로 움직이는 시간이 아니고, 이야기를 한다고 해도 정해진 주제로 토론을 하는 것도 아니다. 그냥 흘러가는 대로 두는 자연스러운 시간이다.

이에 관한 이야기는 다음 섹션(Section)에서 좀 더 깊이 해보려고 한다. 하지만 명백한 것은, 결코 조용할 수 없는 공간에서 아이들은 쉰다. 참으로 역설적인 공간이다. 이곳은 방문하는 아이들의 사적인 공간이기 때문이다. 일반적으로 "사적 공간"이라고 하면 오롯이 혼자 있는 공간이라고 생각한다.

  그러나 학문적으로 사적 공간은 혼자 있는 시간뿐만 아니라 친밀한 사람과 함께 있는 공간을 의미하기도 한다. 아이들은 친한 친구와 함께 가고, 거기서 친밀감을 형성한다. 이런 의미에서 성경 카페는 아이들의 정서적 욕구를 충족시키는 공간이 되기도 한다.

  흥미로운 것은 디지털 네이티브(Digital Native)라고 불리는 아이들이 거기에 모인다는 것이다. 거기에서 서로 핸드폰으로 게임을 해도 다른 친구 옆에서 한다. 성경 카페에 오는 아이 중 상당수는 부모님이 바쁜 가정에서 자라는 아이들이라고 한다.

  그 이야기를 들었을 때, 문득 내 어린 시절과 중복됐다. 어린 시절 어른들이 모두 일을 나가시면 나도 혼자였다. 그 적막함이 아직도 생각난다. 그러나 당시에는 다른 집 대문을 넘는 게 어려운 일이 아니었다. 혼자서 시간을 보내다가 심심하면 옆집이나 뒷집에 갔다. 친구의 이름을 불러 그 집에서 한나절을 보내는 것이 자연스러운 일상이었다.

  하지만 지금은 그럴 수가 없다. 남의 집 아파트 현관을 넘는 것이 그때보다 훨씬 어려워졌다. 다른 친구 집에 가려고 해도 부모님의 허락을 받아야 하고, 친구의 스케줄도 확인해야 한다. 과거보다 복잡해졌다. 어른들이 집에 없으면 아이들은 학원도 혼자 가고, 학원을 다녀와서는 집에 혼자 있어야 한다.

  그런데 성경 카페는 혼자 있지 않아도 되는 '사랑방'이다. 아이들이 자유롭게 왔다 갔다 한다. 성경 카페에 있다가 학원을 다녀와야 하는 시간이 되면 학원을 갔다 온다. 물론, 학원을 갔다가 성경 카페에 들어올 때는 다시 성경을 읽어야 한다. 왜냐하면, 그것이 규칙이니까 그렇다. 그러나 성경 카페는 항상 아이들이 자유롭게 오갈 수 있는 열린 공간이다. 언제나 원하면 갈 수 있다.

또한, 성경 카페는 외롭지 않아도 되는 장소이다. 아무도 없는 집에 혼자 있을 이유가 없다. 아이들은 원하면 거기서 친구들을 만날 수 있다. 거기서 함께 이야기를 하고, 거기서 먹으면서 논다.

그리고 성경 카페는 접촉이 있는 공간이고, 자유가 있는 공간이다. 부모님이 바빠서 돌봐 주지 못해도 다른 사람들과 함께 하며 시간을 보낼 수 있는 안전한 공간이다. 친밀하고 개인적인 관계를 맺을 수 있는 공간이 된다. 그런 의미에서 성경 카페는 인근 지역 아이들의 '사랑방'이 된다.

5. 친밀감

1) 친밀함의 기초

매튜 켈리(Matthew Kelly)는 『왜 나는 사람들과 어울리지 못하는 걸까』라는 책에서 사람들이 친밀감을 형성하는 단계를 7단계로 말한다. 그 7단계는 다음과 같다.

- 1단계 - 상투적인 말을 나누는 것.
- 2단계 - 사실만 나누는 것.

- 3단계 - 의견을 나누는 것.
- 4단계 - 서로의 꿈을 발견하고 비전을 공유하는 것.
- 5단계 - 약점과 감정을 드러내는 것.
- 6단계 - 숨길 필요가 없어지는 것.
- 7단계 - 역동적으로 협력하는 것.

7단계로 나아가기 위해 가장 처음 형성해야 하는 과제가 상투적인 말을 넘어서는 것인데, 이 첫 단계를 넘어서기 위한 가장 효율적인 방법이 "무작정 함께 시간을 보내는 것"이라고 한다.

켈리는 모든 관계가 발전할 수 있는 기본적인 초석이 "무작정 함께 시간을 보내는 것"이라고 주장한다. 그가 말하는 "무작정 함께 시간을 보내는 것"은 아무런 목적 없이 그냥 함께 옆에 있는 것을 말한다. 예를 들면, 주말 여행을 떠나거나, 아무런 목적도 없이 오후 시간을 같이 보내는 것 등이다.

그는 십 대 아이들이 친구들과 함께 보내는 시간에 주목한다. 아이들은 친구들과 그냥 무작정 시간을 보낸다. 어떤 특별한 프로그램이나 일정이 있어서 만나는 것이 아니라, 그냥 만나고 나서 무엇을 할지 고민한다. 그래서 아이들은 몇 시간의 통화도 가능하다. 그 몇 시간 동안 아이들은 목적 없이 이런저런 이야기를 한다. 말 그대로 '잡담'을 하는 것이다. 무작정 시간을 보내는 것은 시간에 구애받지 않고, 시간에 대한 감각을 잃어버리는 것이다. 그냥 함께 있는 것 외에 다른 목적도 없고, 의미도 없다.

그 친구와 함께 있는 것이 목적이 되고, 다른 활동이나 놀이는 부수적인 것이 된다. 그 친구와 놀기 위해 다른 것들이 동원된다. 함께 무작정 시간을 보내다 보면, 이야기하게 되고 그 친구와 친밀해질 수 있다는 것이다. 그래서 켈리는 "십 대 아들과 친해지고 싶으면, 무작정 함께 시간을 보내 보라"고 조언한다.

어른들은 자주 자신의 아이들과 친해지기 위해 대화를 시도하는데, '대화를 위한 대화'를 시도하면 아이들은 마음을 열지 않는 경우가 많다. 그래서 시도했던 대화가 일방적인 잔소리로 끝나기 일쑤이다. 그렇기 때문에, 아이들과 친밀해지는 방법은 그런 대화를 시도하는 것이 아니라 그냥 "무작정 함께 있는 것에서부터 시작해야 한다"라고 조언한다.

처음에는 너무 어색하지만, 주기적으로 그렇게 하다 보면 익숙해지고 이야기를 하게 된다는 것이다. 부모들이 아이들과 대화를 잘할 수 없는 이유는 이런 시간을 내주지 않기 때문이다. 그래서 부모들의 대화는 아주 표면적이고 상투적인 대화에서 종결된다.

켈리가 제시한 한 연구에 의하면, "하루에 부모와 자녀 간의 평균 대화 시간은 약 16분"이라고 한다. 물론 이것은 미국의 경우이다. 정확한 연도를 언급하지 않기는 하지만, 현대의 한국이라고 무엇이 다를까 싶다. 한국의 십 대 아이들도, 특히 아들들은 부모와 많은 대화를 하지 않는다. 켈리는 무조건 함께 시간을 보낼 수 있으면 친밀감은 그 기초 위에서 형성된다고 말하는 것이다.

친밀감을 형성하는 데 다양한 방법이 있겠지만, 켈리의 말이 설득력이 있어 보인다. 왜냐하면, 우리는 이미 경험으로 십 대 아이들과 대화하기가 쉽지 않다는 것을 알기 때문이다. 우리가 대화하려고 해도 아이들은 우리에게 그들의 마음을 보여 주지 않는다. 그래서 아이들과의 대화는 표면적인 대화로 그치거나 잔소리에서 끝나는 경우가 대부분이다.

매일 집에서 보는 부모와 자녀 간에도 대화의 패턴이 이와 같은데, 일주일에 한 번 만나는 교회학교 선생님들과 사역자들은 말할 것도 없다. 그래서 우리는 매주 주일에 아이들과 만나지만 우리가 그 아이들과 친밀해지는 것은 한계가 있을 수밖에 없다. 그 아이들은 우리에게 그들의 마음과 깊은 고민을 보여 주지 않는다. 어쩌면 교회 교육의 한계가 여기에서 시작되는지도 모른다.

2) 교회학교 선생님과의 친밀성

논산 한빛교회 교회학교가 추구하는 교육의 기본은 "일단 아이들과 친해지자"이다. 선생님들은 아이들과 개인적으로 친해져야 한다는 것이다. 그래서 분기별로 한 번씩 일대일로 밖에서 만나는 것을 독려한다. 아이들은 1년에 4-6번 정도 교회 밖에서 선생님을 일대일로 만나는 시간을 가진다. 같이 음식을 먹기도 하고, '인생네컷' 사진을 찍으러 가기도 하고, 영화도 보면서 선생님들은 아이들과 함께 시간을 보낸다.

교회의 예산이 따로 정해져 있는 것이 아니라 거의 선생님들의 사비로 봉사를 하고 있으며, 청년들 같은 경우 부서의 학부모들이나 선생님들이 활동비를 챙겨 주는 식으로 운영된다. 분기별 일대일 만남을 갖지 못할 때는 반 전체가 밖에서 만나 함께 시간을 보낸다. 평일 날 학교와 직장이 끝나고 저녁 시간에 만나 아이들과 시간을 보낸다.

교회학교 선생님들은 함께 먹고 시간을 보내면서 아이들과 친해지려고 노력한다. 그러다 보면 아이의 가정생활이나 고민을 자연스럽게 듣게 된다. 아이들은 선생님들과 친밀해지면서 다양한 고민과 이야기를 나눈다. 1년 동안 반의 선생님은 아이들의 멘토가 되는 것이다. 주일예배 후에도 분반공부를 하기보다 아이들과 대화를 주로 많이 한다. 분기별로 한번 만나기는 하지만, 선생님들이 아이들과 대화할 시간이 너무 없다고 해서 분반공부 시간에는 함께 삶을 나누고, 그날 들은 설교를 나누고, 질문하고, 답하면서 시간을 보낸다고 한다.

이런 친밀감 때문에 아이들은 스스럼없이 교회학교 선생님들에게 전화도 한다. 논산 한빛교회의 교회학교 아이들은 비교인 자녀들이 절반 정도 된다. 그래서 교회 차량을 운행하는데, 여덟 시부터 교회학교 선생님에게 픽업을 요청하며 전화를 하는 아이들도 있다고 한다. 그러면 선생님은 비교인 부모를 둔 아이를 자기 집에 데리고 와서 아침을 먹이고 교회에 함께 오기도 한다.

논산은 도시 자체가 아주 크지 않기 때문에 전 시내의 이동 거리가 30분대 안에 있어서 아이를 차로 데리고 오는 것이 대도시보다 상대적으로 쉬운 편이다. 주중에는 성경 카페에서, 주일에는 담당 선생님이 아이를 만날 수 있다. 아이들이 원하면 언제든지 교회학교 선생님들과 접촉할 기회가 열려있는 것이다.

이것은 논산 한빛교회의 전반적인 분위기인지도 모르겠다. 아이들은 일주일에 한번 평일 저녁 6시 30분에 정기적으로 모여 축구를 한다. 강신정 목사도 아이들과 축구를 자주 하는데, 가끔 바쁜 일정으로 인해 축구에 나가지 않으면 아이들은 스스럼없이 담임목사에게 전화를 해서 축구 경기를 하러 오라고 초청한다고 한다. 강신정 목사는 거의 모든 아이의 이름을 알고 있고, 함께 축구를 하면서 놀아 준다.

논산 한빛교회 근처에 사는 남자 아이들은 풋살장이 있는 교회에 자주 와서 축구를 한다. 근처 초등학교는 축구장을 완전히 개방하지 않아 아이들은 교회로 자주 온다. 사역자들과 교회학교 선생님들은 정기적인 축구 모임이 아니라 할지라도 풋살장 때문에 놀러 오는 아이들과도 접촉한다. 교회를 다니지 않는 아이들이 교회 마당에 있는 풋살장에서 놀고 있으면 아이들을 초청해 대화하기도 하고 먹을 것을 주면서 친해진다.

실제로 내가 방문한 날 만났던 아이들이 교회에 오게 된 계기도 축구와 라면 한 그릇 때문이었다고 했다. 풋살장에 축구를 하러 왔는데 논산 한빛교회의 한 사역자가 "라면을 먹으러 오라"고 초청했고, 라면을 먹다가 교회에 등록하게 되었다고 한다. 교회학교 선생님들은 아이들과 친해지기 위해 함께 시간을 보내는 노력을 한다.

3) 아이들과 시간 보내기

논산 한빛교회는 아이들과 무작정 함께 시간 보내기를 하는 교회이다. 1년에 4-6번 일대일로 아이들과 선생님들이 시간을 보내기는 여러모로 쉽지 않지만, 선생님들은 아이들을 위해 헌신한다. 사실 일상이 바쁜 현대인들에게 그 시간은 부담스럽다. 설령, 시간이 있다고 하더라도 아이들을 일대일로 만나기가 쉽지만은 않다. 아이들과 일대일로 만나 무엇을 해야 할지, 어떤 말을 해야 할지 정말 고민스러운 시간이고, 그래서 두렵기도 하다. 사실 배 속에 있을 때부터 많은 시간을 보낸 자신의 자녀와도 그냥 시간을 보내는 건 너무 어렵다. 그런데 논산 한빛교회는 그것을 하고 있다.

생각해 보면, 성경 카페도 이 시간의 연장선인지도 모른다. 물론, 담당 선생님과 만나는 것은 아니지만 말이다. 그냥 거기에 있는 다른 아이들과 그곳에서 봉사하는 다른 선생님들과 함께 있지만, 거기 가는 아이들은 이런 시간을 보내고 있다. 무엇을 하는 게 아니라 그냥 그 공간에 함께 존재한다.

선생님들이 항상 거기에 있지만 선생님이 무언가를 하지도 않는다. 그들도 그냥 그 공간에서 무작정 함께 시간을 보낸다. 억지로 친해지려고 하지도 않고, 아이들이 와서 말을 걸지 않으면 억지로 대화를 시도하지도 않는다. 그런데 친해진다. 희한하게도 아이들은 자기 이야기를 거기서 하고 있다.

어쩌면 켈리의 말이 일리가 있는지도 모른다. 아이들은 다른 사람들과 마음을 나눈다. 아이마다 고민하는 문제가 다르고, 나누고 싶은 주제가 다를 수 있지만, 다양한 마음속 이야기를 선생님들과 친구들과 나누는 것이다. 아이들은 자신을 개방한다.

교회학교 선생님이자 성경 카페를 섬기는 한 집사님은 초등학교 아이들과 대화하면서 가장 놀라게 되는 것은 바로 이것이라고 말한다.

> 많은 아이가 삶의 목적이 없고, 꿈이 없고, 희망이 없는 것을 발견한 것이에요.

삶에 대한 이유를 발견하지 못하는 아이들이 너무 많고, 스스로 자해를 하거나 정서적인 문제를 가지고 있는 아이들이 너무 많은 시대인데, 그런 고민을 가진 아이들은 바로 거기, 성경 카페에서 마음을 나눈다. 또한, 교회학교 예배실에서 듣지 못하는 고민을 성경 카페에서 들을 수 있고, 나누는 것이다.

논산 한빛교회 교회학교 봉사자들을 통해 알게 된 것은 생각보다 아이들은 더 성숙한다는 것, 그리고 그들의 삶에서 인간으로서 인생에 대해 고민하고 힘들어하는 아이들이 많다는 것이다. 아이들의 삶의 고민을 교회학교에서 다룰 수 있다는 것이 무척 고무적이었다.

어쩌면 많은 경우 우리는 아이들을 너무 낮게 보고 있는지도 모른다. 한 인격체로서 아이들도 인생에 대한 고민과 고통이 있고, 우리가 생각하고 있는 것보다 더 많은 아이가 어른들이 느끼는 인생의 무의미성과 공허함, 외로움과 싸우고 있을지도 모른다.

그런데, 우리의 서투름 때문에, 우리는 아이들의 그런 고민을 알아차리지 못하고 있고, 그것을 풀어내는 방법을 알지 못하는 것인지도 모른다.

논산 한빛교회가 예민하고 어려운 영적인 부분을 효과적으로 다룰 수 있는 이유가 이것인지도 모른다.

친밀함!

다른 친구들과 선생님들과 친한 아이는 자신이 느끼고 궁금한 것을 나눌 수 있다. 그래서 낯선 영적인 부분을 풀어낼 수 있는지도 모른다. 또한, 친밀한 사람이 기도하므로 낯선 기도에 대한 반감이 줄어드는 것일지도 모르겠다.

6. 매력적인 전도 전략

1) 포켓몬빵 효과

포켓몬빵의 성공을 살펴보면 흥미로운 사실이 발견된다. 원래 <포켓몬스터>는 1996년 일본 기업 포켓몬컴퍼니가 닌텐도 휴대용 게임기의 게임인 게임보이로 출시했었다. 포켓몬스터 게임은 포켓몬이라는 가공의 생물을 인간들이 훈련해서 포켓몬을 육성하고 포켓몬들이 배틀을 하는 가상의 세계를 배경으로 한다.

1997년 일본 방송 〈TV도쿄〉에서 애니메이션으로 방영하면서 아이들의 폭발적인 인기를 얻게 되었고, 전 세계로 확산되었다. 포켓몬스터는 오랫동안 아이들의 사랑을 받고 있으며, 역사상 최고의 수익률을 기록하고 있다. 현재까지도 다양한 상품으로 개발되고 있는 캐릭터이기도 하다.

한국에서도 지난 2022년 2월 포켓몬빵이 재출시되었는데, 당시 품귀현상에 관한 내용으로 여러 차례 언론에 보도되었다. (주)SPC삼립은 1990년대 말 유행했던 포켓몬빵을 재출시했는데, 출시한 후 포켓몬빵은 아이들 사이에서 대유행이 되었다. 처음 한국에서는 (주)SPC삼립의 전신인 (주)샤니에서 빵을 출시했다. 출시 후 얼마 동안 엄청난 매출을 올리다가 생산을 중단했는데 1999년 다시 출시했었다.

당시 포켓몬스터의 종류는 151종이었다. 어떤 빵에는 스티커가 들어있고, 어떤 빵에는 들어있지 않았기 때문에 구매자들은 151종의 포켓몬을 모두 모으기 위해 지속해서 빵을 구매해야 했다. 1999년 11월 (주)샤니는 하루 평균 150만 봉지를 판매하면서 최고 매출 기록을 세우기도 했다. 그 이후 생산 중단과 출시를 반복하다가 2022년 2월 재출시한 것이다.

2022년 2월 레트로 유행과 함께 띠부띠부씰(스티커) 수집에 대한 열풍이 다시 불면서 출시 43일 만에 1,000만 개가 넘게 팔렸고, 곳곳에서 품귀현상이 나타나기 시작한 것이다. 아이들은 스티커를 모으기 위해 포켓몬빵을 구매했다. 스티커는 빵을 판매하기 위한 '미끼'였는데, 포켓몬스터가 대유행하면서 구매자들은 스티커를 모으기 위해 빵을 샀고, 빵을 사서 빵은 버리고 스티커만 모으는 현상이 나타나기도 했다. 이는 포켓몬 스티커가 포켓몬빵의 유행을 주도하게 한 모습이다.

교회학교 아이들을 전도하는데도 소위 '포켓몬빵 효과'라고 부를 수 있는 '미끼 효과'(들러리로 들어간 물건 때문에 어떤 것을 선택하는 것을 지칭하는 시사용어)를 많이 사용한다. 교회에 다닌 적이 없는 아이들에게 교회는 생소한 곳이고, 여러 곳에서 흘러온 다양한 정보로 인해 아이들은 교회에 접근조차 하지 않는 경우가 많다.

그래서 예수를 깊이 아는 것은 차치(且置)하고, 교회에 들어와 본 적도 없는 아이들이 생긴다. 그런 아이들에게 교회는 교회를 오게 하려고 다른 것으로 흥미를 끄는 포켓몬 스티커 같은 전도 전략을 많이 사용한다. 논산 한빛교회의 전도 전략도 여기서부터 시작된다.

2) 전도 전략

논산 한빛교회의 전도는 크게 세 영역에서 진행된다. 이 전도 전략의 특징은 어떻게든 교회에 한 번 방문하게 만드는 것이다.

첫 번째, 놀이터나 공원에서 하는 '두 가지 방법의 전도'이다
놀이터나 공원에서 3분 정도 색깔로 복음을 설명하는 전도이다. 전도하는 사람이 짧은 복음을 전하고, 그것을 다 들으면 옆 바닥에 준비한 게임에 참여할 수 있다. 게임은 굉장히 단순한 것들인데, 예를 들면 동전으로 컵에 넣기를 한다거나 하는 것들이다.

아이들은 그 게임을 하기 위해 3분의 시간을 사용한다. 그렇게 해서 게임을 하고, 그 게임에서 이기면 포켓몬빵과 같은 선물과 쿠폰을 준다. 포켓몬빵이 유행할 때는 그 빵이 귀해서 구하기 어려웠다. 그래서 교회학교의 모든 선생님과 그들의 인맥을 동원해 논산 시내에 있는 빵을 구하기도 했다고 한다.

그렇게 모인 빵으로 매주 전도를 했다. 포켓몬빵과 함께 인형 뽑기 5,000원짜리 쿠폰을 줬는데, 인형 뽑기 5,000원짜리 쿠폰은 주일에 교회를 와야지 사용할 수 있다. 만약, 어떤 아이가 그 쿠폰을 가지고 교회에 오면 담당 전도사는 현금 5,000원을 주고 인형 뽑기를 3번 할 수 있게 해 준다. 교회에는 코로나 시기에 중고로 싸게 구매한 인형뽑기 기계가 있다.

다른 전도팀은 어린이전도협회와 연결되어 있다. 어린이전도협회는 12번의 새가족반을 공원에서 운영한다. 어린이전도협회에서 파견된 사역자가 공원이나 놀이터에서 아이들을 모아 운영하는 전도이

다. 아이들이 12번의 새가족반 성경공부에 계속 참석하면 대전에 있는 놀이동산에 보내 준다. 놀이동산에 가기 위해 아이들은 12번의 성경공부에 참석해야 할 뿐만 아니라 교회에도 와야 한다.

두 번째, '한빛랜드'와 같은 전도 축제이다

논산 한빛교회는 코로나 중 아이들을 위한 대규모 전도 집회를 했었다. 논산의 아이들 수를 약 7,000명 정도라고 생각하고, 그중에 1,000명을 목적으로 '한빛랜드'라는 전도 축제를 이틀 동안 개최했다.

이때 가장 중요하게 생각했던 것은 홍보였는데, 이를 위해 전단지도 돌리고, 교인들이 사는 아파트에 포스터도 붙이고, 현수막도 걸었다. 논산시청과 정부 기관에서도 후원을 받았다. 한빛랜드는 교회 마당에 여러 개의 부스(booth)를 차려서 아이들이 다양한 활동을 하게 하는 행사였다. 다양한 먹거리도 먹을 수 있고, 활동에 참여도 하면서 그 활동을 통해 복음을 듣고 예수님을 영접하게 하는 행사였다.

전교인이 모두 행사에 참여하면서 아이들에게 예수님을 소개한 대규모 행사로 진행되었다. 이틀 동안 그런 활동을 하는 부스로 축제처럼 진행되었고, 둘째 날은 저녁 집회를 하며 <쇼미더머니>(Show Me The Money)에 나왔던 유명한 크리스천 래퍼(Rapper)를 불러 공연했다.

이 행사에 논산 시내 곳곳에서 1,352명의 아이가 왔고, 논산 시내에 논산 한빛교회를 아는 아이들이 많아졌다. 이후 놀이터나 공원에 전도하러 가면 아이들이 한빛랜드 이야기를 하면서 더 쉽게 마음을 연다고 한다. 이 전도 행사는 교회를 다니지 않는 아이들에게 예수를 전하는 것이 목적이었고, 이 행사로 인해 실제로 등록한 아이들도 있었다고 한다.

 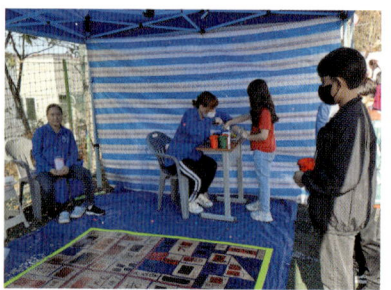

세 번째, '성경 카페'이다

성경 카페는 교회를 다니는 아이들이든, 교회를 다니지 않는 아이들이든 상관없이 마음대로 갈 수 있는 '상시 전도 부스'이다. 위에서 설명한 것처럼, 거기는 원하면 누구나 올 수 있지만, 반드시 성경을 3장 읽어야 한다.

교회학교 선생님과 아이들을 만날 수 있는 곳이다. 거기에 교회를 다니지 않는 아이들이 오면, 봉사자는 담당 사역자에게 연락하고, 담당 사역자는 처음 교회에 오는 아이가 있으면 가서 대화하고 친분을 쌓고 주일예배로 초대한다. 교회와 교회를 다니는 친구들과 선생님, 사역자와 익숙해진 아이들은 더 편하게 주일예배에 참석할 수 있게 된다.

성경 카페는 믿지 않는 아이들에게 교회로 들어오는 문턱을 낮춰 주고 있다. 교회에 와 본 적이 없는 아이들을 성경 카페라는 공간으로 오게 하면서 교회에 대한 친숙함을 만들어 준다.

논산 한빛교회의 전도 전략은 전도지를 전달하는 데만 관심을 둔 전도가 아니다. 어떻게든 아이들이 교회에 와 보게 하는 방법을 사용한다. 그것이 행사든, 상품이든, 쉴 수 있는 공간이든 말이다.

3) 단순 노출 효과 (Mere Exposure Effect)

믿지 않는 부모를 둔 가정에서 자라는 아이들이 교회에 오게 하는 것이 왜 중요할까?
예배를 드리지 않아도 교회에 오게 하는 것이 긍정적인 효과가 있을까?
복음을 전하는 데 있어서 소위 말하는 단순 노출 효과는 어떤 역할을 할까?

'단순 노출 효과'는 말 그대로 단순히 반복적으로 노출만 시켰는데 호감도가 상승하는 것을 말한다. 이것은 1968년 심리학자 로버트 자욘스(Robert Zajonc, 1923-2008)가 처음 주장했다. 자욘스는 어떤 사진은 학생들에게 25회 노출했고, 어떤 사진은 한두 번만 노출했다. 그렇게 한 후, "학생들에게 사진 속의 어떤 인물이 더 좋냐"고 물었더니, "더 자주 봤던 사진 속 인물을 더 좋아한다"라고 답했다. 단순히 노출한 것만으로도 호감도가 상승한 것이다.

프랑스를 대표하는 에펠탑도 단순 노출 효과로 인해 호감도가 상승한 대표적인 건축물이다. 1889년 프랑스대혁명 100주년을 기념하기 위해 에펠탑을 세우려고 했을 때, 당시의 많은 예술가와 시민이 에펠탑 설립을 반대했다고 한다. 사람들은 철조 구조물인 에펠탑이 낯설었고 흉물스럽다고 생각한 것이다. 그러나 프랑스 정부는 20년 후 철거를 약속하고 계획대로 건설했는데, 시민들이 에펠탑을 자주 보게 되자 점차 익숙해졌고, 프랑스를 대표하는 건축물이 되었다고 한다.

이외에도 단순 노출 효과는 광고에도 많이 사용된다. 길면 1분, 짧으면 15초밖에 안 되는 TV광고나 드라마나 영화의 간접광고라고 불리는 PPL(product placement, 특정 기업의 협찬을 대가로 영화나 드라마에서 해당 기업의 상품이나 브랜드 이미지를 소도구로 끼워넣는 광고 기법)이 단순 노출 효과를 노리는 홍보이다. 반복적인 노출은 어떤 것을 친숙하게 만들고 긍정적인 이미지를 형성시킨다. 생각보다 효과적이라 많은 곳에 활용되고 있다.

유사한 맥락에서, 논산 한빛교회의 전도 전략을 생각해 보면 아이들에게 교회를 한 번이라도 오게 하는 것인데 이것은 교회에 익숙하지 않은 아이들에게 교회를 단순하게 노출하는 효과가 있다. 교회를 와 본 적이 없는 아이들을 교회에 오게 함으로써 교회라는 공간을 익숙하게 만든다. 그리고 나서 예배에 초대하는 방법으로 어린이 전도에 효과적인 방법이 될 수 있다.

그러나 단순 노출 효과는 전도 전략에 대한 피로감이 없을 때 효과를 낼 수 있다. 이것은 마케팅의 '브랜드 피로감'이란 개념과 유사하다. '브랜드 피로감'이란, 마케팅에서 '저 브랜드는 늘 똑같아'라는 생각이 축적되는 것을 말한다. 이같은 브랜드 피로감은 두 가지 경우에 발생하는데, 제품 자체에 대한 것과 커뮤니케이션에 대한 부분이다. 다시 말하면, 물건 자체에 대한 것과 홍보에 대한 부분으로 나눌 수 있다는 것이다. 여기서 둘 다 문제가 될 수 있는데, '기업이 어떤 전략을 짜느냐'에 따라 기업의 흥망성쇠가 달라지는 것이다.

예를 들어, 브랜드 피로감의 누적으로 망한 대표적인 회사가 핀란드의 기업 노키아(Nokia)였다. 유럽에서 굉장히 유명했던 노키아는 2000년대 초반까지 세계 휴대전화 시장의 점유율이 30퍼센트 이상이었다. 그러나 제품의 디자인이나 기능을 획기적으로 개발하지 않았던 노키아는 휴대전화 시장에서 빠른 속도로 사라졌다.

그러다가 2000년대 이후, 휴대전화는 단순히 전화를 걸거나 문자를 보내는 기능 이상을 가지기 시작한 것이다. 다시 말해, 휴대전화는 들고 다니는 컴퓨터가 되었다. 그런데 노키아는 휴대전화 본래 용도를 고집했고, 디자인도 더 개발하지 않았다. 그 결과 노키아는 휴대전화 시장에서 사라진 옛날 브랜드가 되었다.

반면, 제품이 동일해도 성공한 기업도 있다. 대표적인 제품이 박카스이다. 박카스는 제품이 동일하지만, 시대에 맞는 혁신적인 홍보로 아직까지 승승장구하고 있는 제품이다.

전도 전략도 이 원리에서 유추해 적용할 수 있다. 기독교에 대한 피로감이 있는 대상에게 동일한 전략의 전도는 피로감만 준다. 그러나 기독교에 대한 피로감이 없는 대상에게는 단순히 노출하는 것만으로도 효과가 있을 수 있다.

교회를 한 번도 와 보지 않은 아이들에게 다양한 방법으로 교회를 노출하는 것은 아주 중요한 전도 전략이 될 수 있다. 하지만 이미 많이 노출되어서 피로감을 느끼고 있는 아이들에게 이 전략은 엄청난 역효과가 나게 된다.

논산 한빛교회 전도 방법이 논산 지역에서 선방하고 있는 이유는 전도 방법의 신선함 때문일 지 모르겠다. 논산 한빛교회는 아이들이 좋아할 만한 것과 단순 노출 방법을 적절하게, 그리고 효과적으로 사용하고 있기 때문에 전도로 효과를 톡톡히 보고 있는 것이다. 이제는 아이들을 대상으로 하는 전도 전략도 아이디어가 필요한 시대가 된 것이다.

7. 성공 포인트 요약

1) 교회 전체 요인

첫째, 논산 한빛교회 교회학교의 성공요인은 영적인 분위기, 기도하는 분위기가 교회 내에 확산되어 있기 때문이다

만약, 이런 분위기가 형성되어 있지 않았다면 아이들이 직접 볼 수 있는 기회가 없었을 것이다. 아이들이 호기심을 가질 수 있었던 것은 교회 내에 기도하는 분위기가 자연스럽게 퍼져 있어서 스스로 볼 수 있는 기회가 많았기 때문이다.

더불어, 영적 신비 현상이나 체험에 개방적인 분위기가 형성되어 있다는 것도 중요한 성공 요인 중 하나이다. 아이들은 그것을 신기하게 생각했고, 그것 때문에 하나님을 향한 관심이 더 많이 생긴 것 같다.

둘째, 논산 한빛교회는 말로 설명하는 교육이 아닌 보여 주는 교육을 하고 있기 때문이다

논산 한빛교회는 어른들의 기도회나 예배에 아이들이 함께하므로 아이들에게 설명하는 교육이 아니라 보여 주는 교육을 하고 있다. 그래서 아이들은 교회의 분위기를 직접 보고 자연스럽게 동화되어 가는 것이다.

셋째, 특별새벽기도회나 월삭기도회에 아이들이 참석할 수 있는 분위기가 형성되어 있기 때문이다

특별새벽기도회나 월삭기도회에 아이들의 참석률이 높은 이유는 기도회 자체를 좋아해서라기보다 다른 요인들도 강하게 작용한다고 생각된다.

새벽기도회 전날 아이들과 교회에서 '함께' 잠을 자고, '함께' 새벽기도회에 참석한 후, '함께' 식사하고, '함께' 축구 경기를 하거나 놀 수 있는 문화가 형성되어 있기 때문에 아이들이 좋아하는 것이다.

넷째, 논산 한빛교회 교회학교의 또 다른 성공요인은 교회 전체가 교회학교에 관심을 가지고 다양한 방법으로 후원하고 있기 때문이다

한빛랜드 같은 대규모 전도 집회는 논산의 아이들을 전도대상으로 하는 것으로써 논산 한빛교회의 교회 규모에서는 매우 큰 행사였고, 예산이 많이 필요한 행사였다. 그러나 전 교인이 자발적으로 헌금을 했고, 봉사했다.

또한, 성경 카페의 경우도 운영을 하기 위해 매달 40만 원 정도의 예산이 필요하지만, 교회에서 예산이 책정되어 있지 않다. 이 또한 자발적인 헌금으로 운영되고 있고, 매달 다른 사람이 헌금이나 헌물을 하고 있다.

다섯째, 교회를 개방하고 있기 때문에 성공하는 것이다

논산 한빛교회도 교회를 동네 아이들에게 개방하고 있고, 성경 카페는 동네 사랑방처럼 아이들의 '안식처' 기능을 하고 있다. 이런 방법으로 교회가 안전한 장소에서 아이들을 돌보고 있는 것이다. 그뿐만 아니라 평일에 아이들에게 성경을 읽게 하는 것도 고무적이다.

2) 교회학교 요인

첫째, 논산 한빛교회 교회학교의 역할은 잘 분담되어 있다

선생님들은 아이들과 친밀한 관계를 맺는데 많은 시간과 에너지를 쓰고 있고, 영적인 부분은 사역자가 담당한다. 한 아이가 영적인 질문을 하면, 선생님들은 그 아이에게 직접 답하지 않고 사역자들에게 전달한다. 전달받은 사역자들은 아이에게 영적인 영역에 관해 설명한다.

둘째, 선생님들의 헌신 때문이다

선생님들은 많은 시간과 에너지를 사용하고 있다. 일 년에 적어도 4번 일대일로 아이들을 만나는 것은 헌신 없이는 절대 불가능한데, 그 시간과 비용을 기꺼이 사용하고 있다. 아이들은 선생님과 일대일로 만나서 친밀감을 형성한다.

셋째, 다각적인 전도 전략을 사용한다

아이들이 좋아할 만한 것과 복음을 너무 잘 연결했다. 단순히 구두로 "교회에 오라"고 초대하는 것이 아니라, 일차적으로 현장에서 복음을 듣게 하고, 교회에 올 수 있는 쿠폰이나 상품, 선물 등과 같은 것을 사용한다.

제3부

함께하는교회

1. 교회의 입지와 현황

　함께하는교회는 부산광역시 금정구 구서동에 있다. 구서동의 인구는 2011년 57,131명에서 계속 감소하여 2023년 5월 50,788명이 되었다. 그중에 20대 미만의 인구는 2023년 5월 기준 7,753명이며, 전체 인구에서 약 15.2퍼센트에 해당한다. 금정구는 부산에서 가장 번화한 해운대구와 수영구와는 달리 구도심(舊都心)이 가진 전형적인 특징들을 가지고 있는 구(求)이다.

　거주지역이나 시설이 해운대구의 번쩍번쩍한 건물들과는 달리 오래된 시가지이다. 교회를 방문하기 전, 사전 조사를 할 때, 이미 '그럴 것이다' 추측하긴 했지만, 실제로 해운대구와 수영구와는 완전 다른 분위기였다.

　방문 결과 교회의 입지는 정말 열악했다. 교회는 구서역에서 걸어서 25분, 택시를 타도 7분 정도 걸리는 곳에 있었는데, 주변에는 각 도시의 외곽에 있는 영업장들, 곧 고철 모으는 곳, 자동차 정비소들, 쓰레기 폐기물 처리소 등이 있었다. 주택가는 교회 근처에 없고, 교회에서 약 1킬로미터 떨어진 곳에 있다. 교회에서 가장 가까운 주택

가는 건물이 하나인 아파트이다. 도로를 사이에 두고 그 건너편에 빌라촌들이 있다. 그 아파트 초입에 중국집이 있긴 한데, 편의시설은 거의 없는 곳으로서 그야말로 아무것도 없는 곳에 교회가 있었다.

아파트에서 교회에 가기 위해서는 터널을 하나 지나야 하므로 아이들이 다니기에 아주 안전한 곳도 아니었다. 교회 근처에 중, 고등학교가 있기는 하지만, 그중 한 학교는 계속 학생 수가 줄어 몇 년 안에 없어지게 될지도 모른다고 했다.

교회 건물은 산을 깎아 만든 것인데, 바로 옆에는 생활 폐기물을 처리하는 사업장이 있었다. 함께하는교회 건물은 2017년 신축한 건물이고, 총면적은 2,000평가량 되어 주차장은 꽤 넓었지만, 입지는 정말 좋지 않았다. 주변 인근 주민들이 올 수 있는 교회는 아니며, 찾아서 오지 않는 이상 '집 앞에 있어, 또는 가까워서 가는 교회'는 될 수 없어 보였다.

2. 교회 소개

함께하는교회는 2005년 12월 부산 동래구 명장동 2층 상가에서 황동한 목사 부부가 개척한 교회이다. 개척 당시 3명의 청년과 2명의 간사가 있었다. 황동한 목사는 20세부터 십 대의 벗이라는 단체를 설립했고, 가장 먼저 십 대 목회에 관심을 가졌었다. 그러나 부산 삼일교회에서 부교역자로 있을 때, 청년부를 담당하면서 '청년부가 없으면 미래가 없다'라고 생각했고, 청년부 사역에 매진했다. 사역을 시작할 때 50명이었던 청년부는 출석 350명, 재적 700명으로 늘었다.

그후 삼일교회를 사임하고 명장동에 교회를 개척했다. 다섯 명으로 시작한 교회는 계속해서 부흥했다. 2년 후 2007년 안락동으로 교회를 옮겼고, 안락동에서도 계속 부흥했다. 안락동 예배당은 장소는 좁은데 계속 사람이 늘어 5부 예배까지 드려야 했고, 예배 때마다 예배 참석을 위해 100-150m 정도 사람들이 줄을 서서 기다려야 했다고 한다.

결국, 예배당의 협소함으로 인해 예배당 건축을 결심했고, 현재 예배당이 있는 구서동에 넓은 땅을 샀다. 이때 황동한 목사는 "요즘 거의 모든 교인이 차를 가지고 있으므로 주택가일 필요가 없다"라고 생각하고, 주차할 공간이 많은 곳을 찾았다. 그래서 구서동에 예배당과 교회를 건축했고, 함께하는교회는 2017년 12월에 입당했다.

2023년 5월, 장년 650명, 어린이 250명, 청소년 60명이 출석하고 있다. 교회학교 출석은 약 310명이다. 코로나 이전 대비 약 40퍼센트 정도 성장했고, 현재도 계속 '부흥 중'이다.

건물은 지하 2층, 지상 4층 건물인데, 본당이 지하 1층과 지하 2층에 있다. 교회 건물에서 특이한 점은 본당이 지하에 있고, 본당 옆 교회 지하 2층에 소그룹실이 어느 교회보다 많다는 것과 3층에 원룸처럼 생긴 18개의 게스트룸이 있다는 것이다.

3. 신앙의 트리클 다운(Trickle Down, 낙수 효과)

1) 트리클 다운

트리클 다운(Trickle Down, 낙수 효과)은 액체가 위에서부터 흘러내리는 것을 말한다. '트리클'(Trickle)은 '흐르다'는 뜻이고, '다운'(Down)은 '아래'를 말한다. 즉, 트리클 다운은 대기업이나 부유층을 먼저 성장시키면 그 효과가 중소기업이나 일반 소비자에게도 영향을 미쳐 사회 전체를 성장시키는 효과를 가리킨다. 이것은 컵에 물을 많이 부으면 넘치기 때문에 위에서 아래로 흐르는 것처럼 사회의 상류 계층을 성장시키면 그 파급 효과가 아래까지 간다는 말이다.

과거 박정희 대통령의 경제 개발 5개년 계획이 트리클 다운 효과를 토대로 한 대표적인 정책이었다. 전쟁 후 나라를 거의 재건해야 하는 시점에서 한국 정부가 1960년대 선택한 방법이 바로 이것이다. '대기업을 대폭 지원해서 성장할 수 있게 국가가 도와 주면 그 밑에 협력업체와 중소기업도 세울 수 있다'라고 생각한 것이 트리클 다운 효과였다.

반대로 '바텀-업'(bottom-up) 효과는 '밑에서부터 위로 영향을 미치는 것'을 말한다. 미국의 시민운동은 대표적인 '바텀-업 운동'이다. 시민들이 그들의 인권과 자유를 위해 자발적으로 조직을 만들고 운동에 참여했다. 미국의 시민 운동은 평화적인 시위, 시민적 불복종, 공공시설에서의 좌석 거부 등 다양한 형태로 저항 운동을 진행했다.

결과적으로, 이것은 1964년 미국 시민권법과 1965년 투표법 등의 법안을 제정하게 했다. 인종 차별과 인권 침해에 대한 법적인 보호와 시민들의 인권 보장을 위한 중요한 성과였다.

　가정에서의 신앙 교육도 트리클 다운 방식의 교육과 바텀-업 방식의 교육이 있는 것 같다. 트리클 다운 방식이란, 교회가 신앙의 중심축을 부모로 두고 다음세대를 교육하는 방식이고, 바텀-업 방식은, 말 그대로 교회에서 아이들을 교육해서 부모에게 영향을 주게 하는 방식이다. 과거의 트리클 다운 방식이라고 하면 부모가 예배를 드릴 때 아이를 데리고 가거나 기도하는 모습을 노출하는 수동적인 방법이었다. 바텀-업 방식도 아이들이 예수를 믿고 부모를 전도하는 정도라고 생각하는 것이 일반적이었다.

　그런데 최근에 교회들은 더 적극적인 방식을 생각하고 있는 것 같다. 최근 코로나19를 겪으면서 교회는 부모들에게 가정에서 아이와 Q.T.를 하게 하고 함께 기도하는 것을 독려하기 시작했다.

　함께하는교회도 이런 교육을 열심히 독려한 교회이다. 이 교회는 트리클 다운 방식의 교육과 바텀-업 방식의 교육이 둘 다 강한 교회인데, 다른 교회와의 차이가 있다면 조금 더 근본적인 것을 고민했고, 그에 대한 해결책을 모색했다는 것이다.

2) 부모 교육

　함께하는교회 황동한 목사는 자녀에 대한 부모의 영향력을 어느 사람보다 잘 이해하고 있다. 그는 경험을 통해서 부모의 영향력이 중요하다는 것을 실질적으로 보아 왔다. 황동한 목사가 20세였을 때, 관심을 가지고 가장 처음 한 사역이 '청소년 사역'이었다. 청소년들을 만나 복음을 전했고, 청소년 사역을 하다 보니 아이들의 고민을 듣게 되었다. '고민과 상처는 복음으로 회복될 수 있다'라고 생각하면서, 복음으로 아이를 회복시켜 집으로 돌려보냈다.

그런데 그 아이들은 집으로 가기만 하면 다시 원점으로 돌아갔다. 고민이 되기 시작했다. 원인을 살펴보니, 상처받은 아이를 회복시켜 집으로 돌려보내도 부모가 달라지지 않으면 아이는 동일한 환경에서 다시 동일한 상태로 돌아가는 것이었다.

황동한 목사는 오랫동안 사역을 하면서 많은 고민을 했고, 그래서 학교에 찾아가 직접 상담을 공부했다. 그리고 내린 결론이 부모가 달라지지 않으면 아이가 달라질 수 없다는 것이었고, 다음세대 목회는 부모 목회와 연결되어 있다는 확신이 들었다.

> 부모가 문제가 있으면 아이가 문제가 있다. 사람은 상처가 치유되지 않으면 복음이 제대로 들어가지 않는다. 부모의 상처가 치유되어야만 아이를 신앙으로 잘 가르칠 수 있게 된다.
> 다음세대 신앙 교육은 일차적으로 치유된 부모가 예수를 만나고, 그 후에 자신의 자녀들을 가르치는 것이어야 한다. 부모가 복음으로 깨지고, 깨달아지면 자연스럽게 다음세대 교육을 시킬 수 있게 된다.

그가 사역하면 할수록 이런 생각이 점점 더 확고해졌다. 황동한 목사는 부모가 제대로 복음을 받아들이게 하려고 부모의 상처가 먼저 치유되어야 한다고 생각했다. 부모의 상처가 치유되지 않으면 그것이 아이들에게 고스란히 전달되기 때문이다.

성장기에 아이들에게 가장 강력한 영향을 미치는 것은 부모가 양육할 때 하는 말과 행동인데, 그런 상처 되는 말과 행동은 부모가 가지고 있는 상처에서 비롯된다. 상처가 치유되지 않은 부모는 자신의 상처로 아이들에게 또 다른 상처를 주게 된다.

그래서 함께하는교회는 부모를 대상으로 하는 교육, 성인교육을 하기 시작했다. 하나하나씩 만들다 보니 교회의 교육 프로그램이 20개가 넘게 되었다. 함께하는교회에 다니게 되면 가장 먼저 참여하게 되는 교육 프로그램이 Q.T.학교이다. 함께하는교회는 아무리 교회를 오래 다녀도 Q.T.학교를 수료하지 않으면 정식 교인이 되지 못한다. 모든 교인은 Q.T.학교를 수료해야 한다. 그러면 정식 교인으로 등록된다. 그렇게 시작해서 양육반, 제자반, 사역반, 코칭반까지 교육 과정에 참여할 수 있는데 이 모든 프로그램을 끝내면 3년이 된다.

그 중간중간에 필수 심화 과정이나 선택 과정에 있는 과목들을 듣는다. 필수 심화 과정은 자아상 세미나 초/중급, 성경 대학 초/중급, 열린 셀장 학교, 대화법 학교, 로마서반, 에베소서반, 다준 학교가 있고, 선택 과정은 결혼예비학교, 부부 행복학교, 영유아 부모 교실, 사춘기 부모 교실, 습관훈련학교, 어? 성경이 읽어지네!, 십 대의 벗 훈련, 재혼학교 등이 있다. 황동한 목사는 교인들에게 필요하다고 생각하는 것을 하나씩 준비했고 그것이 이렇게 많아졌다.

이 모든 프로그램에는 상담 이론들이 적절하게 들어가 있다. 그가 공부한 상담 이론을 많은 교육 프로그램에 녹여냈다.

3) 부모들의 첫 관문

함께하는교회의 교육 프로그램은 부모들이 프로그램에 참여하면서 자신의 내면을 들여다보고 자신들의 상처를 보게 하는 것이 많다. 그리고 거기서 다시 복음을 접하게 한다. 함께하는교회의 첫 프로그램인 Q.T.학교를 보면, 이것은 단순한 Q.T.교육이 아니다. 나흘 동안 진행되는 Q.T.학교에는 Q.T.를 하면서 성경을 읽는 방법만 가르치는 것이 아니라 자신을 돌아보게 하는 프로그램이 포함되어 있다.

강의를 듣고 기도를 하면서 자신의 어린 시절, 자신이 상처받았던 순간과 마주하게 된다. 사람들은 거기서 기억하고 싶지 않은 그들의 과거와 마주한다. 강의를 듣고 기도하면서 그 과거 속에서 울기도, 욕하기도, 따지기도 한다. 마음에 깊이 묻어둔 하지 못했던 말을 꺼내 미웠던 사람, 원망했던 사람에게 하며 기도하기도 한다.

상담에서 말하는 '빈 의자 기법'이라는 것이 기도와 접목된 느낌이다. '빈 의자 기법'이란 앞에 빈 의자에 내담자가 대화하고 싶은 사람이 있다고 상상하고 그 사람과 대화하는 것이다. 그 대화에서 내담자는 그 사람에게 마음 속에 있는 말을 쏟아 낸다. 그것이 원망이든 욕이든 감사의 말이든 말이다. 실제로 앞에 당사자가 앉아 있지 않아도 내담자는 마음에 상처가 일부 치유되는 것이다.

이런 기법을 사용하면서 기도와 연결한 것이다. 황동한 목사는 상담에서 나온 기법이나 방법을 이런 방법으로 만들었다. Q.T.학교에서 그렇게 자신의 상처와 마주하면 함께하는 봉사자들은 그 시간 동안 옆에서 그들을 안아 주며 그들을 위해 기도한다.

Q.T.학교 마지막 날은 그런 상처를 가진 자신과 예수님이 만나는 시간이다. 그들의 신앙 여행은 거기서 새롭게 시작된다.

아이를 가진 부모들은 함께하는교회에 등록하는 그 시작점에서부터 자신의 내면과 마주하며 자신들을 돌아본다. 그리고 현실 속에 있는 자신들의 아이를 다시 만난다. 부모 교육의 시작은 거기서부터이다. 교회를 오래 다녔든 교회라는 곳을 처음 온 사람이든 상관없이 모두 그 과정을 거치게 된다. 그 이후에도 함께하는교회는 부모들에게 자신과 아이의 내면에 관심을 기울이는 훈련을 시킨다.

부모교실, 대화스쿨을 다니면서 부모들은 아이들을 이해하고 아이들과 대화하는 방법을 배우고 연습한다. 함께하는교회 간증에는 교육을 마친 부모가 자녀들에게 다른 대화를 시도하고 연습하는 과정들이 있다. 아이의 감정을 알아차리는 것, 아이의 감정을 읽어 주는 것, 자신의 마음을 알아차리는 것, 아이의 생각을 물어보는 것 등등의 교육과 훈련을 한다. 그들은 아이에게 예수를 가르치기 전에 부드러운 부모, 공감할 줄 아는 부모, 대화가 가능한 부모가 되는 것을 먼저 연습한다.

그래서 함께하는교회의 우선적인 부모 교육은 아이에게 Q.T.를 어떻게 시키고, 신앙을 어떻게 가르치느냐를 교육하는 게 아니라 나를 보게 하고, 내 마음과 상처를 보게 하고, 내가 아이에게 하고 있는 나의 행동과 말을 보게 하는 훈련을 가장 먼저 한다.

함께하는교회가 다른 교회와 약간 다른 것은 다음세대 교육에서 부모의 심리적 문제를 중요하게 생각하고 그것을 깊이 있게 오랜 시간 다양한 프로그램을 통해 가르치고 연습하게 한다는 것이다. "부모가 마음이 치유되어야 아이의 마음도 돌아볼 수 있고 말씀도 가르칠 수 있다." 이것이 함께하는교회의 다음세대 교육철학이다.

4) 부모 신앙 교육의 효과

코로나를 거치면서 부모의 신앙 교육이 중요해졌다. 가정예배나 가정의 신앙 교육이 아이의 신앙에 영향을 미친다고 생각하는 통계들이 많아졌다. 보통 이런 통계들은 가정예배를 드리거나 신앙적인 대화를 하는 가정의 아이들과 그렇지 않은 아이들의 주일예배 출석률을 비교한다. 그래서 가정예배를 드리는 아이들이 주일에 교회 예배에 더 많이 출석하므로 가정이 아이의 신앙에 중요한 영향을 미친다고 결론을 내린다.

하지만 나는 이 통계를 볼 때마다 신앙이 주일 예배 출석으로 평가될 수 있는 것인가라는 질문이 생긴다.

주일에 예배를 참석하면 신앙이 좋은 것이고 예배를 참석하지 않으면 신앙이 좋지 않은 것인가?

나는 교회에서 아이들을 만나면서 예배에 출석은 했는데 하나님을 만난 적이 없고 잘 모르겠다고 대답하는 아이들도 많이 만났고, 주중에 자발적으로 신앙생활을 하지 않는 아이들도 많이 만났다.

그래서 '신앙=주일 예배 출석률'이라는 도식은 자꾸 질문이 생긴다. 그렇다고 신앙을 측정할 수 있는 다른 것이 있냐고 물으면 대답을 할 수는 없다. 하지만 적어도 신앙을 주일 출석과 동일시해서는 안 될 것 같다. 부모가 주일 출석률이 높다. 그리고 자녀도 출석률이 높다. 이런 도식이 어린아이들의 경우 높은 상관성을 가지고 있겠지만, 그것이 좋은 신앙 교육을 하고 있다고 결론을 내리게 할 수는 없다고 생각하기 때문이다.

  부모가 교회를 다녀도 아이에게 나쁜 영향을 미치면 신앙이 제대로 들어갈 리가 없다.

  부모에게 화가 나 있는데 어떻게 부모가 믿는 하나님이 아이에게 긍정적일 수 있겠는가?

  어린아이의 경우, 부모가 혼을 내니 어쩔 수 없이 교회갈 수도 있는데 말이다. 그렇게 보면, 황동한 목사의 생각은 설득력이 있다. 부모의 신앙 여부보다 더 중요한 것이 부모의 양육 태도이고 부모와 자녀의 관계일 수 있다.

  나는 최근에 MBC의 <오은영 리포트- 결혼 지옥>이라는 프로그램을 자주 본다.

  사람들은 어떤 문제를 가지고 있을까?

  그리고 왜 힘들어할까?

  이를 프로그램을 통해서 본다. 이 프로그램은 부부생활을 살펴보는 프로그램이지만, 그들의 이야기 속에는 원 부모와의 문제, 그리고 자녀와의 문제가 여실히 드러난다. 어떤 사람들의 경우, 부모의 말과 행동이 평생을 따라다니는 것도 자주 보게 된다.

    네가 하는 일이 그렇지!

    네 아빠를 어떻게 그렇게 똑같이 닮았냐?

    너를 낳은 게 실수야!

이런 말들에 갇혀있는 사람들을 본다. 아무리 뭔가 문제가 있어 보여도, 이를 보면서 무조건 그 사람만 비난할 수는 없게 된다. 어떤 사람의 어린 시절은 너무 안타깝고 마음 아플 때도 있다. 아버지가 어머니한테 했던 폭력을 본 충격을 이야기하면서 우는 사람도 있다.

사람들의 마음속에 부모로부터 받은 상처가 아직도 영향을 미치고 있다. 그런 사람들이 결혼하고 부모가 되면 열심히 노력해도 좋은 배우자, 좋은 부모가 되는 것을 모르는 사람들이 많다. 자신의 아내나 남편에게, 그리고 아이들에게 사랑하지만 표현하는 방법을 모르고 대화하는 방법을 모르는 사람들이 많다. 그 이유는 배운 적도, 본 적도 없어서일 것이다.

안타깝게도 이 상처들은 교회를 다니자마자 사라지는 상처가 아니다. 그래서 교회를 다니고 신앙생활을 해도 아이들과의 문제를 풀어내지 못하는 경우가 많다. 신앙이 있다고 해도 보통의 사람들은 본 적도, 배운 적도 없는 양육 태도로 자신의 아이를 양육할 수가 없다.

자신을 볼 수 있는 부모, 노력하는 부모의 신앙이 아이에게 더 호소력이 있지 않을까?

그런 의미에서 이런 생각이 강하게 들었다.

자신의 내면 문제를 먼저 다루게 하는 황동한 목사의 트리클 다운 방식의 신앙 교육이 교회에서 정말 필요한 것일 수도 있겠구나!

4. 키즈 넛지(Kid's Nudge: 아이의 쿡 찌르기)

1) 키즈 마케팅

최근 유통업계에서는 키즈(아동) 마케팅에 관한 관심이 높아지고 있다고 한다. 저출산이 심각해지면서 각 가정에 아이가 하나, 둘밖에 없기 때문에 현대의 어린이들을 '골드키즈'라고 부른다. 그리고 그들을 대상으로 하는 다양한 산업이 성장하고 있다. 과거에는 아이들의 물건을 부모가 사는 경우가 많아서 소비의 축이 부모, 특히 엄마였는데, 최근에는 아이들의 의사가 부모의 소비에 영향을 미치고 있다고 한다.

과거에 부모들은 권위적이어서 자녀의 의사에 상관없이 부모가 필요하다고 생각하는 것을 구매해 줬다. 그러나 현대의 부모들은 자녀의 목소리를 듣고 자녀들이 원하는 것을 기꺼이 제공하려고 하며, 아이들이 어떤 물건을 선택하고 구매하는 것도 학습이고, 교육이라고 생각한다. 그래서인지 학용품, 의류, 신발, 장난감 등 어린이용품을 구매할 때 어린이들이 직접 자신의 물건을 구매하는 비율이 50퍼센트 이상이라고 한다. 과거보다 현대의 부모들은 아이가 원하는 것에 대해 들어주고 더 많이 사 준다는 말이다.

『키즈 마케팅』이라는 책을 쓴 제임스 맥닐(James McNeill)에 의하면, 어린이들의 소비문화가 이렇게 달라지고 있는 이유는 어린이들이 과거와는 전혀 다른 새로운 경제적 지위를 얻게 되었기 때문이라고 한다. 맥닐은 이런 변화는 사회적인 변화에서 기인하는데 사회학적인 관점에서 볼 때, 현대 사회는 4가지가 크게 달라졌다고 한다.

(1) 가족당 자녀 수의 감소
(2) 편부모 가정의 증가
(3) 자녀 두는 시기를 미루는 현상
(4) 맞벌이 부부의 증가

이런 변화로 인해 어린이 소비문화는 어린이들의 영향력이 증가하는 방향으로 변화되었다는 것이다. 또한, 맥닐의 이론에서 한 가지 더 주목해야 할 것은 그가 키즈 시장을 다음과 같은 세 가지로 나눈다는 것이다.

(1) 일차 시장
(2) 영향력 시장
(3) 미래 시장

가장 먼저, 키즈 시장은 어린이가 자신의 용돈을 가지고 스스로 지출할 수 있는 권리와 의사가 있다는 점에서 "일차 시장"이 된다.

그리고 "영향력 시장"의 관점에서 보면, 어린이는 부모나 가족에게 영향을 주는 존재가 될 수도 있다. 가족이 외식할 때, 메뉴 선택에 영향을 미치거나 부모에게 자신이 알고 있는 특정 브랜드의 물건을 사도록 영향을 미친다는 의미이다.

마지막으로, "미래 시장"은 어린이를 미래의 잠재적인 고객으로 이해하는 것을 말한다. 어릴 때부터 사용하던 특정 상품을 꾸준히 소비할 수 있는 충성도가 높은 고객이 될 가능성이 있는 존재로 '어린이'를 이해하는 것이다.

유통업계에서 키즈 마케팅에 관심을 가질 수밖에 없는 이유는 한국에서도 동일한 변화가 일어나고 있기 때문이다. 이미 아이들은 부모들의 다양한 결정에 중요하게 고려해야 할 부분이 되었다. 한국의 부모들도 아이들이 원하는 것, 아이들의 교육, 아이들이 먹을 수 있는 것, 아이들의 경험 등등을 생각해서 어딘가를 가고 무엇인가를 결정하고 있다. 가정에서 아이들의 존재가 중요해졌다. 그리고 이런 현상은 교회를 선택하고 신앙생활을 하는 데도 나타나고 있다.

2) 키즈 넛지

현재의 현상을 생각하다가 '넛지'(Nudge)라는 단어가 떠올랐다. 그래서 이런 현상을 '키즈 넛지'(Kid's Nudge)라고 이름 붙였다. '넛지'는 팔꿈치로 쿡 찌르는 것, 슬적 찌르는 것'을 의미한다. 경제학에서 '넛지'는 "타인의 선택을 유도하는 부드러운 개입"이라는 뜻이다. 다시 말하면, '키즈 넛지'란 아이가 부모의 옆구리를 쿡쿡 찔러 물건을 사게 만들거나 어떤 의사결정을 하게 한다는 의미이다.

이것은 경제에만 통용되는 원리가 아니다. 교회에서도 이런 현상이 나타난다. '키즈 넛지'를 통해 부모가 교회를 선택하고, 예배시간을 선택하고, 신앙생활을 하는 데 영향을 미치고 있다. 신앙의 영역에서도 키즈 넛지 현상이 나타나고 있다.

이것은 함께하는교회에서도 관찰된다. 함께하는교회는 아이들이 평일에도 교회를 너무 가고 싶어하는 교회이다. 부모가 데려다줄 수 없으면 초등학교에 다니는 아이들 몇 명이 같이 전철을 타고, 또 걸어서 간다고 한다. 부모가 집에 있는 아이들은 부모를 졸라서 간다. 부모들은 때때로 예배가 있는 수요일, 금요일에 피곤해서 하루 쉬고 싶은데 아이들 때문에 교회에 가게 되는 것이다.

아이들이 교회에 가고 싶어하는 이유는 친구들을 만나고, 교회에서 하는 프로그램에 참여하기 위해서이다. 수요예배가 있는 저녁에도 아이들은 일찍부터 나와 교회에서 논다. 찬양할 때는 2층에서 함께 찬양하고, 찬양이 끝나면 다른 장소로 옮겨 준비된 프로그램을 한다. 수요일에는 고신총회에서 나온 초등신앙 교육 프로그램 교재인 『백』(*BACK*: Bible Adventure Club in Korea)을 하고, 금요일에는 성도들의 재능 기부로 진행되는 "하캄"(지혜)이 진행된다.

『백』을 통해 아이들은 게임으로 성경 말씀을 배운다. 주일에 했던 공과를 가지고 말씀을 함께 암송하기도 하고, 다양한 활동이나 게임을 하면서 그 말씀을 다시 기억하기도 한다. 그리고 프로그램에 참여하면 아이들은 와펜(옷에 다는 다양한 배지: 나이키 배지, 아디다스 배지…)을 받게 되는데, 아이들은 그걸 모으는 것을 즐거움으로 여긴다.

금요일 철야예배 시간에 진행되는 "하캄"(지혜)은 다양한 직업을 가진 교회 내 집사님들이 오셔서 아이들에게 직업 체험을 하게 해주는 프로그램이다. 공항에 다니시는 분, IT 업계에서 일하시는 분, 은행원, 간호사, 소방대원 등등 많은 직업을 아이들에게 소개하고, 그와 관련된 게임을 부모인 집사님들이 생각해서 온다. 아이들은 새로운 직업을 알게 되고, 또 거기서 게임을 하며 다른 아이들과 즐겁게 지내게 된다.

"하캄"은 학부모운영위원회가 적극적으로 도와주고 있다. 함께하는교회에는 학부모운영위원회가 있는데, 매년 총회를 열어 전체 회장과 총무를 뽑고, 학년별 장을 뽑는다.

학부모운영위원회 임원진은 특별한 행사가 있을 때 교회학교 선생님들과 협업한다. 돌봄이 필요한 일에는 봉사자를 섭외하고, 직업 체험을 하게 할 담당자도 섭외한다. 학부모운영위원회는 행사에 필요한 간식을 지원하기도 하고, 공지사항을 알려 주기도 하며, 교회학교가 도움이 필요한 것을 적극적으로 도와준다.

이 교회는 아이들을 위한 다양한 프로그램이 있다. 오케스트라를 만들어 바이올린, 첼로, 플룻, 클라리넷과 같은 악기를 가르치기도 하고, 합창단도 있다. 5, 6학년을 대상으로 매주 목요일에는 독서와 논술을 가르치기도 한다. "다준"(다음세대를 준비하는 학교, 대안학교)에서는 성경 묵상과 필사도 하고, 영어, 수학, 독서, 논술, 토론 같은 수업을 하기도 한다. 원래 황동한 목사는 대안학교를 하려고 했는데, 청소년 사역을 하면서 아이들을 만나 보니 대안학교를 졸업한 아이들이 세상에 적응하지 못하는 경우가 많아 "다준으로 형태를 바꿨다"고 한다.

아이들은 학교를 다녀온 후 매일 학원처럼 운영하는 "다준"에 온다. "다준"에는 교회 아이들뿐만 아니라 오고 싶은 아이들은 누구나 올 수 있고, 선생님들도 실제로 학원에서 일했던 선생님들, 공부방을 했던 선생님들 6명이 일하고 있다. 학원에서

하는 공부를 교회에서 하는 것이다. 아이들은 노는 것, 신앙 교육을 받는 것, 그리고 학교 공부 등 다양한 것을 교회에서 한다.

이렇게 교회에서 아이들을 위해 하는 교육과 프로그램이 많다 보니 아이들 때문에 부모들은 더 자주 교회를 오게 된다. 인터뷰하며 만났던 한 집사님은 이런 말을 했다.

> 부모들이 유익하다고 생각하거나 아이가 즐거워하면 거리에 상관없이 부모들은 아이들을 데리고 올 수 있습니다.

이 교회는 거주지 안에 있는 교회가 아니므로 부산시 전체에서 오고, 어떤 교인은 포항으로 발령을 받아 갔는데 아이 때문에 이 교회에 계속 나온다고 했다. 이 아이 외에도 인근 지역인 기장이나 가까운 도시에 사는 아이들도 온다고 한다.

부모들은 특별한 행사가 있거나 프로그램이 있을 때 주중에도 아이들을 데려다준다. 그분의 말에 의하면, 요즘 부모들은 아이 중심으로 간단다. 그래서 주중이라도 아이가 원하면 외딴곳에 있는 이 교회에 데려다주고 데려온다. 교회를 다니지 않아도, 그리고 다른 교회에 다녀도 아이가 원하면 교회에 온다. 얼마 전에도 4주 동안 하는 "어린이전도축제"에 아이를 픽업하다가 등록한 사람들이 있다고 한다. 그 중에 어떤 분은 한 주만 오려고 했는데 아이가 계속 오고 싶다고 해서 4주를 오다가 등록했다고 한다. 이런 모습이 아이들 때문에 부모가 움직인 대표적인 모습이다.

신앙생활도 마찬가지다. 교회는 아이들에게 말씀을 가르치고 나누고 암송하게 하지만, 집에서는 Q.T.를 하게 한다. Q.T.는 부모와 함께하는데 부모와 큐티를 하게 되면 '홈소큐통장'(홈에서 소요리문답과 큐티를)에 도장을 받을 수 있다. 부모와 함께 Q.T.를 한 경우에 말이다. 아이만 Q.T.를 하게 되면 도장을 받을 수 없다. 이 Q.T.는 부모의 동참이 필수적이다. 이 도장은 달란트로 환산이 되든지, 아니면 선물로 교환될 수 있다. 그러니까 아이들은 통장에 도장을 받기 위해서 매일매일 부모님과 Q.T.를 하려고 한다. 부모가 Q.T.를 하기 싫어도 아이들 때문에 하게 된다.

아이들은 일주일 내내 말씀을 보게 되고, 또 교회에 오면 말씀을 배우고, 암송하게 된다. 부모들은 졸라 대는 아이들 때문에 집에서도 성경을 봐야 한다. 신앙생활에서도 키즈 넛지 현상이 일어나는 것이다.

3) 교회의 딜레마

교회학교를 생각하면 딜레마에 빠진다. 교회학교 사역은 표시가 나지도 않는데 다른 사역보다 많은 노력과 시간과 돈이 필요하다. 가성비를 생각하면 참 좋지 않은 게 교회학교 사역이다. 그런 이유 때문에 인력이 없고, 돈이 적은 작은 교회들은 교회학교가 많이 없어졌다. 당장 다른 곳에도 예산이 들어갈 때가 많으므로 아이들한테 시간과 예산을 쓸 여력이 없을지도 모른다.

작은 교회들은 10명 미만인 아이들을 위해서 교역자를 구하는 것도 예산상 부담스럽고, 교단에 따라 다르지만 최근에는 교역자 수의 감소로 인해 교역자 자체를 구하기도 쉽지 않다.

결국, 작은 교회의 교회학교는 사모님이나 한두 명의 집사님들이 궁여지책으로 아이들을 돌보다가 교회학교가 없어진다.

교회학교가 형성되어 있지 않은 작은 교회의 아이들은 부모가 예배드릴 때 방치된다. 기존의 목회는 부모만 신경 쓰면 된다고 생각했다. 그래서 한두 명 오는 아이들은 그냥 자기가 알아서 놀게 둔다. 아이가 5명 정도 되면 아이들끼리 놀기 때문에 그나마 다행이다. 하지만 5명도 연령대가 달라서 함께 놀 수 없으면 아이는 교회 가는 것을 싫어하게 된다. 왜냐하면, 지겹기 때문이다.

이게 장기화하면 부모들은 아이들을 보낼 근처의 다른 교회 교회학교를 찾기 시작한다. 일반적으로, 신앙을 가진 부모들은 아이들이 신앙교육을 받길 원한다. 처음에는 아이들만 보낼 생각이었지만, 아이를 통해 들어오는 다양한 정보를 접하게 되면 아이가 다니는 교회에 관심을 가지기 시작한다. 아이 때문에 픽업을 가고 사람도 만나게 되면서 그 교회 사람들과 인맥을 쌓게 된다. 어느 정도 시간이 지나거나 어떤 계기가 생기면 부모는 아이가 다니는 그 교회로 교회를 옮기게 된다.

이것은 내가 만난 몇 명의 평신도가 그 교회에 정착하게 된 경위를 설명했던 것을 정리한 것이다. 몇몇 응답자는 개척 교회를 다니다가 이런 과정을 거쳐 교회를 옮겼다고 했다. 아이가 교회학교가 있는 그 교회를 너무 좋아해서 매주 태워줬는데, 가만히 보니 그 교회는 교회학교 프로그램도 괜찮고, 매주 다니다 보니 교회도 익숙해지고, 교회학교 사역자들과 선생님들과도 친해졌다는 것이다.

결국, 그 부모들은 아이가 다니는 교회로 가족 전체가 옮겼다고 했다. 교회 선택에서도 아이가 부모에게 큰 영향을 미치고 있다. 교회 현장에서 키즈 넛지가 실제로 일어나고 있다.

한동안은 작은 교회들도 현 상태를 유지할 수 있다. 하지만 교회학교가 없는 교회는 젊은 세대가 아이 때문에 그 교회에 갈 수 없게 된다. 교회학교가 없고, 아이가 많이 없는 교회에 다닐 경우, 아이가 예배시간에 지겨워서 떠드는 것도 눈치가 보인다고 한다. 예배드리는 것도 아이 때문에 부담스러운 것이다. 결국, 많은 경우 그들은 정착하지 못한다.

교회학교가 형성될 수 없고, 부모들이 올 수 없게 되면 몇 년 후의 결과는 불 보듯 뻔하다. 작은 교회들이 장기적인 성장을 바란다면, 교회학교에 대한 부분을 심각하게 생각해야 한다. 장기적인 관점에서 당장 5명 미만의 아이들이 있어도 교회학교를 살릴 방법을 찾는 것이 현명할지도 모른다. 돈이 들고, 시간이 들어도 해야만 한다. 한국 교회는 현대의 젊은 부모들이 그들의 아이에 대해 가지고 있는 사고와 양육 방식에 주목해야만 한다.

5. 어린이 행복 지수

1) 나홀로 볼링(bowling alone)

미국의 정치학자이자 하버드대학교수인 로버트 퍼트넘(Robert D. Putnam)은 『나홀로 볼링』(*Bowling Alone*)이라는 책에서 '사회적 자본'(사회적 네트워크)에 대한 이야기를 한다. 저자에 의하면, 미국은 1960년대부터 공동체의 연계가 약해지면서 시민 참여, 시민 사회, 정치 생활이 쇠퇴하고 있다고 한다. 사회적 네트워크는 사람들의 삶에 중요한 가치를 가지고 있고 다방면으로 영향을 미치는데, 이것은 어린이의 건강한 발달이나 행복과도 연결되어 있다고 한다.

그에 의하면, 잘 형성된 사회적 네트워크, 즉 좋은 공동체는 어린이를 건강하게 성장시킬 수 있는 토대가 된다. 좋은 공동체 안에 있는 아이들은 건강하게 태어나고, 십 대에 학교를 중퇴하거나 임신하는 경향도 적고, 길거리를 방황하거나 폭력이나 범죄에 휘말리는 비율도 적으며, 자살이나 살인을 할 확률도 줄어든다는 것이다.

동네의 응집력이 높은 곳은 아이가 다른 사람들의 도움을 받을 수 있으므로 아동학대도 더 적을 수밖에 없다고 한다. 퍼트넘은 어린이의 행복에 영향을 주는 요소들, 즉 부모의 교육 수준, 빈곤율, 가족 구조 등도 중요하지만, 그에 못지 않게 사회적 네트워크도 중요하다는 것을 강조한다.

흥미로운 것은 공식적이고 제도화된 사회적 자본보다 일상적인 사회적 자본이 아이들의 교육에 더 긍정적이라는 것이다. 퍼트넘이 말한 공식적인 사회적 자본이란 공식적인 활동인 클럽 모임, 교회 참석, 공동체 프로젝트에 동참하는 것이며, 일상적인 사회적 자본이란 카드 게임이나 친구 방문 등과 같이 일상적으로 유대관계를 맺는 것을 말한다. 즉, 서로 일상적인 유대관계를 맺는 횟수가 아이들의 학교 성적과도 밀접한 상관관계가 있다는 것이다.

퍼트넘은 통계를 기반으로 지역을 비교하면서 아이의 교육에서 사회적인 유대관계는 경제적인 자본보다 더 중요하다는 결론을 내린다. 퍼트넘이 강조하는 것은 아이들의 성장에 공동체가 중요한데, 공식적이고 제도적인 공동체보다 사람과 사람이 일상에서 만날 수 있는 공동체가 아이의 건강한 성장에 중요하다는 말이다. 아이가 사석에서 다른 사람들과 어울리고 관계를 맺는 것은 아이의 삶의 전 영역에 영향을 미친다는 것이다.

주목해야 할 부분은 퍼트넘의 분류에서 일상적인 공동체에 교회가 들어가지 않는다는 것이다. 퍼트넘은 교회의 예배 참석이 공식적이고 제도적인 만남일 뿐 그것이 일상적인 공동체는 아니라고 말한다.

그럼 교회 공동체의 자본을 일상적인 사회적 자본으로 만들어 낼 수는 없는 것일까?

2) 즐거운 교회 생활

함께하는교회는 공동체의 삶을 지향한다. 일반적으로 많은 교회가 이런 강령이 있다. 그러나 함께하는교회의 교회학교는 퍼트넘의 분류에서 말한 일상적인 활동들을 정말 많이 하는 교회이다. 가장 대표적인 것이 MT이다. 함께하는교회의 초등학생들은 MT를 한다. 파자마 파티를 하기도 하고, 여자아이들 MT, 또는 남자아이들 MT 등을 진행한다. 주로 교회의 게스트룸이나 선생님 집에서 진행하게 된다.

하룻밤을 친구들과 교회학교 선생님 집에서 자면서 함께 시간을 보낸다. 부모들은 간식이 필요할 것이라 생각해서 통닭 쿠폰을 주기도 하고, 케이크 쿠폰을 주기도 하면서 교회학교 선생님들과 대화한다.

여름성경학교 캠프는 장소를 빌려서 하는데 보통 1학년에서 6학년까지 다양한 학년을 섞어 조를 짜고 모든 것을 함께한다. 함께하는교회 성경학교 캠프에는 밥을 하러 따라가는 집사님들이 없다. KBS2TV의 〈1박 2일〉에 나오는 것처럼 게임을 해서 조마다 요리재료를 얻고 그것을 가지고 각 조가 스스로 요리를 한다. 김치에 참치통조림 하나를 받아 김치찌개를 해 먹든, 볶음밥을 해 먹든 아이들이 알아서 하는 것이다.

물론 요리를 하는 곳에 선생님들이 계시지만 엄마들이 따라가지는 않는다. 5, 6학년은 주로 요리하고, 3, 4학년은 설거지를 하고, 1, 2학년은 뒷정리를 한다. 아이들은 거기서 일을 분담하고 공동체 생활을 배운다.

코로나 전에는 거의 1년에 4번 정도 이런 숙박형 프로그램을 했다. 캠핑도 하고, 캠핑하면서 수영도 배우고, 낚시도 가고, 등산도 가고, 별보기 캠핑도 하고, 드론을 가르치기도 하고, 영상작품을 만들기도 하고, 김치도 담그고, 텃밭을 가꾸기도 했다. 아이들은 교회학교에서 성경을 배우는 것 외에 다양한 일상적인 활동을 함께 한다. 함께하는교회의 교회학교는 주일에만 모이는 교회학교가 아니다. 물론 프로그램에 따라 선착순으로 인원 제한이 있기도 하지만, 평소에 다양한 활동을 아이들과 함께 한다.

사역자들은 그 아이들을 데리고 가서 함께 1박을 하기도 하고, 등산 같은 경우 당일로 가기도 한다. 한라산과 지리산을 등정하기 위해 부산의 거의 모든 산을 다니기도 했다. 부모들이 바빠서, 또는 다양한 여건 때문에 해 주지 못하는 것을 교회학교 공동체가 해 준다. 아이들은 또래 집단인 교회학교에서 이런 다양한 활동을 하며 자연스럽게 다른 아이들과 협력하고 '함께' 하는 것을 배운다. 리더십을 배우기도 하고, '함께' 놀고, '함께' 대화하고, '함께' 나누고, '함께' 웃고, '함께' 울며 공동의 미션을 수행하는 것이다. 이처럼 아이들은 '함께' 일상적인 활동을 하면서 친구가 된다.

황동한 목사는 공동체가 아이들의 사회성을 길러 주고 인성을 길러 주는 중요한 역할을 할 수 있다고 믿는다. 요즘 아이들은 고생을 안 하는데 이런 것을 통해 고생하면서 한층 더 성숙해지고 건강하게 자랄 수 있다고 생각한다. 함께하는교회의 교회학교는 성경공부만 하는 곳이 아니라 말 그대로 일상을 나누는 공동체이다. 교회학교는 서툴고 낯설어도 사람과 공동체의 힘을 경험하게 하는 교육을 하는 곳이다.

3) 일상을 함께 하는 공동체

아이들의 삶은 대략 놀이 시간, 잠자는 시간, 그리고 공부하는 시간, 이렇게 세 부분으로 나누어진다. 보통 교회에서 아이들이 하는 교회 활동이란 놀이 시간과 공부하는 시간 어디쯤에 걸쳐 있다. 그것도 일주일에 1시간 정도, 1년에 52시간 정도 되는 시간 동안 아이들은 교회에서 시간을 보내게 된다. 1년 1,248시간 중 교회학교에서 교회가 아이들을 만나는 시간은 수련회나 행사를 포함한다고 해도 고작 100시간이 안 될지 모른다.

그런데 함께하는교회는 그 시간의 양을 늘렸다. 아이들의 삶의 많은 부분이 교회에서 진행된다. 많은 아이가 보통 일주일에 4일 이상 교회에 온다. 일단 오면 많은 시간 교회 곳곳을 누비며 많은 곳을 뛰어다니면서 다른 친구들과 함께 논다. 교회의 다양한 프로그램들은 부모가 해 줄 수 없는 놀이까지 경험하게 한다.

아이들은 교회가 제공하는 많은 놀이를 또래 집단에 있는 다른 아이들과 함께하며 자란다. 거기서 그들은 새로운 사람과 사회를 경험한다. 교회는 신앙공동체이고, 동시에 일상을 나눌 수 있는 공동체가 된다.

참 좋아 보이기는 하는데 일반 교회학교에 이것을 도입한다는 건 망설여지기도 할 것 같다. 함께하는교회가 아이들에게 이런 일상적인 공동체를 줄 수 있는 이유는 아마도 전반적인 교회 분위기에서 나오리라 추측된다. 함께하는교회는 아이에서부터 어른까지 MT가 자연스러운 일상이다. 6개월에 한 번씩 바뀌는 어른들의 셀 모임도 바뀔 때마다 1달 안에 1박으로 진행하는 MT를 떠나야 한다.

예배 후 모든 셀은 한 시간 정도 설교 내용을 가지고 토론을 한다. 20세 이상이 되면 1년에 두 차례에 걸쳐 55일 동안 진행되는 수련회에 신청할 수 있다. 함께 아침을 먹고 학교에 가고 직장에 출근하고 돌아와 저녁 7시에 강의를 듣고 토론한다. 게스트룸에서 자고 주말에는 집으로 돌아간다. 아이들뿐만 아니라 어른들을 위한 이같은 '숙박형 프로그램'이 준비되어 있다.

어른 셀 모임에서 일상적인 나눔을 하는 공동체가 형성되어 있으므로 교회학교도 자연스럽게 적용할 수 있게 된다. 어쨌든 이렇게 형성된 함께하는교회 교회학교의 일상적인 공동체는 교회학교 성장에 긍정적인 공헌을 하고 있다.

6. 힐링

1) 행복을 위한 교감

세실 앤드류스(Cecile Andrews)는 『유쾌한 혁명을 작당하는 공동체 가이드북: 행복은 타인으로부터 온다』라는 책을 통해 좋은 공동체의 중요성에 대해 언급한다. 이 책에서 앤드류스는 "공동체는 행복의 기본적인 욕구인 타인과의 관계를 충족시켜 줄 수 있으므로 사람의 행복에 중요하다"라고 말한다. 그에 의하면 진정한 행복을 구성하는 요소는 다음의 4가지 요소로 구성된다.

(1) 관계
(2) 소명
(3) 유희
(4) 통제

첫 번째, '관계'는 다른 사람들과 맺는 사회적 유대를 말한다

사회적 유대가 탄탄한 사람일수록 질병에 덜 걸리고, 덜 우울하고, 인생을 더 많이 즐길 수 있다고 한다.

두 번째, '소명'은 급여를 받든, 받지 않든 사람들에게 의미와 목적을 부여하는 일을 말한다

그런 일은 사람들의 삶에 열정을 줄 수 있고, 에너지를 부여할 수 있다.

세 번째, '유희'는 순간을 음미하는 것, 호기심, 열정, 아름다운 것들에 대한 감상 등이 포함되는데, 사람들은 일상에서 즐거움과 기쁨을 느낄 수 있을 때 행복하다고 한다

즉, 행복을 느끼기 위해 사람들은 즐겁고 신나는 것을 해야 한다.

네 번째, '통제'는 앤드류스의 설명이 다소 애매한데, 모든 것은 적당해야 행복할 수 있는데, '적당'을 추구하는 과정에서 통제가 필요하다는 것이다

인간의 기본적인 욕구인 타인과의 관계는 다른 사람과의 의사소통을 매개체로 한다. 그래서 앤드류스는 "사람들이 서로 어울리고 소통할 기회를 제공하기 위해 할 수 있는 모든 것을 해야 한다"라고 강조한다. 건강한 소통은 사람들을 더 행복하게 하고 더 건강하게 한다. 소통을 잘하게 되면 사람들은 좋은 관계를 만들 수 있고, 함께 유

희를 만들어 낼 수도 있으며, 때로는 사람들을 통해 소명을 찾기도 하고, 통제하고 싶은 자극을 서로 주기도 한다. 그래서 다른 사람들과 어울리고 대화하는 것이 중요하다.

그런데 문제는 그런 건강한 소통이 교회에서 가능할까 하는 것이다. 한국에는 '체면'이라는 문화가 있다. 그래서 오랫동안 신앙생활을 같이 하는 공동체에서는 체면 때문에 자신의 깊은 고민과 문제를 나누지 않는 경우가 많다.

2011년에 쓴 나의 박사 학위는 "사람들이 교회가 지척에 있는데 왜 기도원을 갈까"하는 것에 대한 종교 사회학적 분석이었다. 그 연구에서 나는 기도원에서 다양한 사람을 만났는데, 그때 그들이 교회에서 기도할 수 없는 이유 중 하나가 바로 이런 것 때문이었다.

> 교회 사람들은 오랫동안 봐야 하는 사람들이기 때문에 그들에게 가장 은밀하고 부끄러운 비밀을 개방하고 싶지 않습니다.

바로 이런 이유 때문에 기도원과 같은 장소가 필요한 것이었다. 그들은 하나님을 만날 수 있고, 자신만의 비밀을 다룰 수 있는 장소가 필요했던 것이다. 물론, 지금은 기도원이 많이 사라지고 기도원 문화도 약화되었다. 그러나 그렇다고 사람들이 자신의 은밀한 문제를 교회에서 자유롭게 나눌 수 있는가에 관한 문제는 이와 별개의 문제이다.

사람들은 자신의 가장 은밀하고 비밀스러운 마음을 나눌 수 있는 사람이 교회 안에 많을까?

한국 사람들이 교회 공동체에서 가장 깊은 내면의 고민을 나눌 수 있을까?
나누게 된다면 어떤 일이 일어날까?

2) 변화

함께하는교회가 빠르게 성장한 이유 중 하나는 교회 안에서 진행된 '치유 사역' 때문이었다. 이미 언급한 것처럼, 황동한 목사는 상담을 공부했다. 그리고 사역 안에서 상담을 활용한다. 황동한 목사는 다양한 교육 프로그램에 그것을 녹여냈다.

그래서인지 소문을 듣고 오는 교인들이 많다. 아이들이 문제가 있는 경우, 이것저것 다 해도 변화가 되지 않는 아이들을 데리고 부모들이 찾아온다고 한다. 신앙공동체 안에서 회복되기를 기대하며 부모들은 아이를 데리고 오는데, 어떤 가정은 짧게 걸리기도 하지만, 어떤 가정은 정말 오랜 시간 공동체에서 생활하면서 달라지기도 한단다.

내가 만났던 한 집사님도 그런 이유로 함께하는교회에 왔고, 정착했다. 이 집사님은 25살에 결혼을 했고, 26살에 아들을 출산했다. 결혼한 지 얼마 되지 않아 남편이 수상한 행동을 해서 알아보니 금전 편취를 목적으로 자신과 결혼했다는 것을 알게 되었다. '사기 결혼'이었던 것이다. 그래서 고소를 결심했고, 경찰서에 가보니 피해자는 이 집사님 말고도 여러 명이 더 있었다. 결혼도 집사님이 첫 번째가 아니라 세 번째였다고 한다. 집사님이 살고 있던 지역 경찰서에서 남편은 이미 유사한 사건으로 고소가 된 상태였고, 경찰들은 그 사건을 수사하던 중이었다. 그러나 어린 나이에 아무것도 몰랐던 집사님은 결혼 후 남편에게 이미 많은 돈을 주었고, 자신과 친정은 엄청난 빚더미에 앉게 되었다.

이혼하는 과정에서 3년에 걸쳐 15개의 재판을 했고, 모든 재판에서 승소했다. 하지만 승소 후 걷잡을 수 없이 밀려드는 공허함으로 자살을 결심하게 되었다. 그런데 자살을 하려는 순간 마지막으로 '교회에 가보자'라는 생각이 들었단다.

그때 언니가 교회를 다니고 있어서 언니를 따라갔는데, 그곳이 함께하는교회였다. 교회를 다니고 8개월 동안 아무것도 느낄 수 없을 만큼 감정이 피폐해져 있었다. 그러던 어느 날 CD에서 나오는 복음성가 한 곡을 들으면서 눈물이 나기 시작했고, 그때부터 마음이 조금씩 열리기 시작했다.

이혼하고 엄청난 빚과 생계를 책임지기 위해 집사님과 부모님은 일하기 시작했다. 아이를 제대로 돌볼 겨를도 없었다. 집사님은 잠자는 몇 시간만 집에 있었고, 부모님은 세탁 일을 했기 때문에 아이가 거의 방치되어 있었다.

그렇게 자란 그 아이는 6살 때부터 말썽을 일으키기 시작했다. 초등학교 2학년 때는 더 학교에 다닐 수 없게 되었다. 학교에서 오지 말라고 해서 한 학기를 집사님이 집에서 데리고 있었다. 그러다가 수소문을 해서 다른 학교 3학년으로 넣었는데, 그 아이의 문제는 나아지지 않았고, 결국 그 학교에서도 동일한 문제를 일으키고 있었다.

처음에는 집사님만 교회를 다니다가 6살 때부터 아이를 교회에 데리고 갔다. 하지만 교회에서도 아이는 동일한 문제를 일으켰다. 그 아이 때문에 집사님은 엄청나게 많이 울었고 힘들었다고 한다. 초등학교를 졸업했을 때 이 아이는 갈 중학교가 없었다. 어떻게 어떻게 해서 겨우 집

근처 중학교에 보내게 되었지만 보낼 때부터 졸업을 기대하지도 않았다. 초등학교 졸업도 겨우 시켰기 때문에 중학교 졸업은 기대할 수도 없었다. 하지만 일단 다니는 데까지 보내자 해서 그 학교를 보내게 되었다.

교회에서 하는 '다준'(다음세대를 준비하는 학교)은 이 아이가 6학년 때 갔는데, 중학교 1학년 때 이 아이는 '다준'에서 내보내야 하겠다는 통보를 받았다고 한다. '다준'에서 이 아이는 동일한 문제를 일으키고 있었다. 며칠을 울면서 기도하며 회개한 후, 다시 담당 목사님에게 가서 사정했다. 결국, '다준'은 이 아이를 받아 줬고, 이 아이는 비전 캠프, 말씀을 통해 불안과 분노가 조금씩 가라앉기 시작했다.

그러다가 중학교 2학년이 되었을 때, 이 아이가 자아상 강의를 들었는데 그때 이 아이는 자신을 다르게 생각하기 시작했다고 한다. 그때부터 아이가 달라져서 초등학교 때부터 있었던 야뇨증과 손톱 뜯는 증상이 점점 없어지기 시작했다. 학교에서 더 이상 아이 문제로 전화가 오지 않았고, 언젠가부터 담임 선생님이 이 아이는 착하고 성실하고 배려심이 많다는 이야기를 하기 시작했다고 한다. 그렇게 아이가 달라진 것이다.

다른 집사님의 말에 의하면, "함께하는교회는 프로그램이 많은데 여기서 안되면 저기서 되고, 저기서 안되면 다른 프로그램에서 반드시 치유가 일어난다"라고 한다. 그 집사님은 초창기 개척 구성원으로 이런 것을 자주 보면서 이 사실에 대해 확신하고 있었다. 복음은 사람을 치유한다고, 그리고 함께하는교회는 이런 치유가 있는 교회라고 말이다.

실제로 교회에 온 지 6개월 정도밖에 안 된 교인은 결혼생활이 너무 힘들어서 심한 우울증이 있었다. 그런데 Q.T.학교를 하면서 마음이 열렸고 마음이 달라졌다고 한다. 교회를 다녀도 기도의 효과를 믿은 적이 없었는데 그곳에서 기도할 때 너무 놀라웠다고 한다. 거기에 참석한 참석자 수만큼 오는 봉사자들은 일대일로 한 사람씩 안아주며 기도했는데, 자신을 누군가가 안아 주고 섬겨 준 것에 따뜻함을 느꼈다고 한다.

이런 기도회는 처음이었다고 말한다. 교회에 오고 나서 남편을 포함해 주위의 사람들도 느낄 만큼 얼굴이 밝아졌고, 우울증이 사라졌으며, 잘 적응하지 못하던 6살 둘째 아이도 교회를 너무 가고 싶어해서 교회가 너무 좋다고 했다. 그분은 본인이 우울증이 사라진 것뿐만 아니라 아이들이 달라진 것에 감격해 했다.

3) 공동체가 가진 가치의 회복

이론상 교회는 '치유 공동체'여야 한다. 복음에는 치유의 능력이 있기 때문에 교회 공동체는 치유가 나타나야 하는 게 당연하다. 이론상으로 말이다. 하지만 현실에서 실제 마음의 치유가 나타난다고 말하는 공동체는 드물다. 간혹, 능력 있는 목사님이 기도해서 육체적인 질병이 치유되었다는 이야기를 들은 적은 있지만 말이다. 하지만 교회 공동체 안에서 교인들이 가진 정서적인 문제가 치유되었다는 것은 많지 않다.

김양재 목사님 교회(우리들교회) 정도가 그런 교회일까?

그런데 함께하는교회는 부모들이 정서적인 문제를 가진 자녀들을 데리고 가고, 거기서 회복된다고 한다. 이런 이야기를 함께하는교회의 여러 교인에게 들으면서, 나는 교회 공동체 안에서 사람들의 상처가 회복되고, 치유되는 것이 무슨 말인지 궁금했다. 그래서 담임목사님부터 평신도에 이르기까지 물었다.

이런 일이 어떻게 가능했다고 생각하는지?

그들의 대답은 마치 짠 것처럼 같았는데 하나같이 이렇게 말했다.

공동체라서 가능했다!

한 사람의 능력이나 어떤 특별한 요소가 있는 게 아니라 공동체라서 가능했단다. 함께하는교회는 공동체가 역동적인 힘을 발휘하고 있는 게 맞다. 하지만 그 역동적인 힘은 복합적인 요인들의 시너지 효과 때문이다. 그들의 말처럼 공동체의 힘이기도 하지만 아니기도 하다.

공동체가 힘을 발휘하기 위해서는 공동체가 같은 가치와 유사한 사고가 있어야 한다. 유사한 가치와 심리를 공유하기 위해 각성이 필요한데, 그 각성은 설교나 교육, 프로그램을 통해 전달된다. 공동체가 유사한 가치와 심리를 공유하면, 그 공동체는 독특한 색깔을 가지게 된다.

함께하는교회가 공동체 안에서 마음이 치유되고 회복되는 것은 공동체가 가지고 있는 이런 측면 때문이다. 함께하는교회 공동체가 가진 강점은 사람들이 자신의 내면을 볼 수 있게 하고, 말할 수 있는 분위기를 만들고, 그들 마음의 상처에 귀를 기울이고, 안아주고, 눈물을 흘리게 만들고, 부끄럽지 않게 만드는 편안한 분위기이다. 그리고 그 위에 '그럼에도 불구하고 너는 소중한 사람이다'라는 기독교적 가치를 심어주고 있으므로 회복이 가능한 것이다.

담임목사와 교육을 담당하는 사람들은 교인들에게 인식할 기회를 열어 주고 공동체는 매트리스 역할을 한다. 그 매트리스는 다른 사람들의 치부와 약점을 품어낼 수 있는 품이기도 하지만 일어날 힘이기도 하다. 함께하는교회가 공동체로서 가진 다양한 기능을 행사할 수 있는 이유는 교회가 일상을 나눌 수 있는 편안한 공동체, 내 약점을 드러낼 수 있는 공동체이기 때문일 것이다.

7. 눈높이를 맞춘 목회

1) 패치 아담스

영화 〈패치 아담스〉는 1960-70년대 어린이 병원에서 의사로 일했던 한 실존 인물의 이야기를 영화로 만든 것인데, 줄거리는 이렇다. 헌트 아담스는 불우한 환경에서 반복적으로 자살 시도를 하다가 정신 병원에 들어가게 된다. 거기서 환자들과 이야기를 하면서 아담스는 한 가지 사실을 깨닫게 되는데, 웃음으로 환자를 치료할 수 있다는 것이었다. 이 사실을 깨닫고 아담스는 의사가 되기 위해 의대에 들어간다.

아담스가 살았던 그 당시만 해도 의사는 가능한 이성적인 판단과 사고를 하기 위해 감정을 절제해야 한다고 생각했다. 그래서 의사들은 어린이들을 치료하는 데 있어서도 전통적인 방법을 고수했다. 하지만 아담스는 어린이를 치료하는데 이런 방식이 아니라 아이들의 심리적, 정서적 상태를 고려하며 치료해야 한다고 생각했다.

그래서 때로는 우스꽝스러운 복장에, 장난감을 가지고, 아이들과 웃고 놀면서 친근한 관계를 형성했다. 치료 과정도 무서운 것이 아니라 즐거운 경험이 되도록 유쾌한 분위기를 조성하려고 노력했다. 아이들이 가진 상상력과 재미를 활용해 게임이나 이야기로 포장해서 아이들의 흥미를 끌어내기도 하고, 치료를 위해 그들의 협력과 자발적 참여를 유도하기도 했다. 병실을 아이들이 좋아하는 캐릭터로 꾸며 주기도 하고, 장난감이나 놀이기구를 활용하여 치료 과정을 친근하게 만들기도 했다. 이처럼 패치 아담스는 의사 중심의 치료에서 환자의 눈높이에 맞춰 그들이 가지고 있는 두려움과 정서를 고려한 치료를 하려고 한 것이다.

아담스의 영향 때문인지는 모르겠지만 한국의 어린이 병동도 어른 병동과는 다르다. 어린이 병동은 다른 병동보다 실내 분위기가 밝고 병원에 따라 도서관, 키즈카페, 미끄럼틀, 장난감 등이 있는 병원들이 있다. 어린이의 눈높이에 맞게 병원 분위기를 조성하고, 아이들이 좋아하는 물건이나 시설을 갖추고 있는 것이다. 어린이 환자의 정서적, 심리적 상황을 고려하기 때문일 것이다.

많은 교회학교는 아이들의 눈높이에 맞는 교육을 해야 한다는 생각을 하고 있는데, 각각의 교회는 얼마나 그것을 실현하고 있을까?

2) 아이들의 문화를 교회 안으로

함께하는교회의 교단은 고신 교단이다. 내가 고신 교단에 대해 들었던 소문은 문화를 보수적으로 수용하는 교단이라는 것이다. 예배드릴 때 드럼이나 일렉트릭 기타가 허용되지 않는 교회들이 있다는 이야기도 종종 들었다. 그래서 나에게 고신 교단은 중세 수도원 같은 이미지였다.

그런데 함께하는교회는 그 이미지와는 너무 달랐다. 함께하는교회에서 예배를 드렸는데, 예배 시간의 찬양이 너무 인상 깊었다. 예배의 찬양 시간이 일반 여느 장로교와 전혀 다르지 않았고, 도리어 특별한 행사가 아니라 금요일 철야예배인데도 조명이 화려했다. 다른 교회에서는 특별한 행사가 있을 때만 쓰는 조명을 함께하는교회는 금요일 철야예배에 쓰고 있었던 것이다. 소문과는 너무 달랐고, 내가 생각했던 것과도 너무 달랐다.

사실 가장 놀랐던 것은 시설 때문이었다. 함께하는교회는 한국의 어느 교회보다 아이들의 눈높이에 맞는 시설을 많이 가지고 있었고, 아이들이 좋아할 만한 프로그램을 다양하게 진행하고 있었다. 물론, 건평이 넓어서 활용할 수 있는 공간이 상대적으로 많기는 했다. 하지만 그렇다고 하더라도 교회가 다음세대를 위한 공간을 이렇게 많이 할애한 곳은 보지 못했다.

함께하는교회는 공간배치부터 다음세대를 생각하는 교회였는데, 건물 안에는 키즈카페를 비롯해 다양한 공간들이 있었다. 키즈카페의 경우 돈을 내고 갈 만큼 컸고, 일반 키즈카페에서 봤던 그대로의 모형들이 다 있었다. 실제로 어느 키즈카페에서 사용하던 것을 그대로 가져왔다고 했다.

교회 입구 들어오는 곳에는 잘 관리된 풋살장이 있고, 풋살장 옆에는 트램폴린이 있다. 밖에는 농구대가 있고, 교회 안에 탁구대를 펼 수 있을 만한 모든 공간에 탁구대가 비치되어 있었다. 식당 옆에 있는 썬룸은 고기를 구워 먹거나 모임을 할 수 있는 넓은 공간이 있었고, 넓은 테이블들이 있었다. 그뿐만 아니라 몇몇 개의 방에는 독서실 책상들이 있었는데, 중고등부 아이들이 학교를 마치고 와서 공부한다고 했다.

책을 읽을 수 있는 도서관도 있었고, 방문 당시 공사를 하고 있던 곳은 코인노래방을 만든다고 했다. 아이들은 교회 안에서 공부도 할 수 있고, 놀 수도 있고, 운동도 할 수 있다. 이처럼 아이들을 위한 시설이 교회 안에 다양하게 준비되어 있었다.

아이들 눈높이에 맞춘 목회는 행사에도 나타났다. 어린이전도축제에는 외부에서 비눗방울 쇼를 하는 업체가 와서 함께 시간을 보냈고, 인형 뽑기 기계, 닌텐도 게임, 장난감 뽑기, 물 풍선 던지기 등 다양한 게임과 많은 먹거리가 있었다. 아이들이 좋아할 만한 아이들의 문화가 고스란히 교회에 있었다. 보통 일반 교회에서도 전도 축제나 달란트 시장을 하는데, 그 행사에는 대체로 건전한 학용품, 장난감, 먹거리가 있다.

그러나 교회에서 건전하다고 주는 선물을 아이들이 항상 좋아하지는 않는다. 함께하는교회의 어린이 행사가 다르게 보이는 것은 그 행사에는 아이들이 '혹'할 만한 것들로 채워져 있었기 때문이다. 닌텐도 게임이나 장난감 뽑기, 인형 뽑기 같은 기계들은 교회 행사에는 잘 도입되지 않는 것들이다. 업체를 부르는 것도 가능하지만 비용이 많이 들기 때문에 잘 하지 않는다.

그런데 함께하는교회의 어린이 축제는 아이들의 눈높이에서 아이들이 좋아하는 품목과 프로그램이 준비되어 있었다. 전도 축제는 부서별로 하는데 절대로 같은 기간에 하지 않는다. 전략적으로 그렇게 구성한다. 어른전도축제를 하고 그 다음 주에 어린이전도축제를 하면 아이가 있는 새신자는 여러 번 교회를 오게 되고, 여러 번 오면 교회에 마음이 열릴 가능성이 더 커지기 때문이다.

이런 아이디어는 주로 운영위원회에서 나오는데 운영위원회는 함께하는교회의 의결기구이다. 다른 교회의 당회 같은 역할을 한다. 작년에 장로님이 선출되기는 했지만 함께하는교회는 오랫동안 이런 시스템을 가지고 있었다. 운영위원회는 간사들로 구성되어 있는데 간사들은 각 부서의 평신도 리더들이다. 이십 대부터 시작해 각 부서에서 활동하는 리더들이 운영위원회에 참석하기 때문에 청년들도 있다. 이런 획기적인 문화는 청년들에 의해 제안되는 경우가 많고, 그 운영위원회는 함께 논의해서 결정한다. 코인노래방도 그렇게 해서 도입하기로 한 것이다.

3) 전방위적 접근

함께하는교회는 아이들의 눈높이를 맞추려고 노력한다. 복음도 아이들의 눈높이에서 가르치려고 노력하지만, 아이들이 좋아하는 것, 하고 싶어 하는 것을 파악해서 교회가 해 준다. 예를 들면, 코인노래방만 해도 그렇다.

사실, 거의 모든 교회는 시설을 바꿔가면서까지 아이들이 좋아하는 코인노래방을 설치해 주지는 않는다. 설치하려는 생각조차 없을지도 모른다. 아이들은 이미 친구들과 코인노래방에 가서 스트레스를 풀고 있는데, 교회는 비용이나 문화적인 측면을 고려해서 그런 시설을 갖출 생각을 하지 않는다.

어떤 교회와 교인들은 아이들이 노래방을 가는 것 자체를 부정적으로 생각한다. 이미 많은 우리의 아이들이 가고 있는데도 말이다. 그런데 함께하는교회는 '이왕 갈 거면 교회로 와라'는 심리가 있는 것 같다.

밖에 나가서 돌아다니지 마라!
교회가 해 줄게!
교회로 와라!

나는 호기심으로 황동한 목사에게 질문했다. 교회에 코인노래방을 들여도 괜찮은지 말이다. 그러자 황동한 목사는 이렇게 답했다.

본질과 비본질에 대한 문제입니다!

곧, 복음은 본질이고, 키즈카페나, 풋살장, 코인노래방은 비본질이라는 것이다. 본질이 확실하면 비본질은 상관이 없다. 복음에 확신이 있으면, 아이들의 세상 문화가 교회에 들어와도 두렵지 않다는 것이다. 복음에 확신이 없고 자신이 없으니 세상 문화가 아이들을 흔들까 봐 두렵다는 것이다.

이같은 황동한 목사의 이야기는 몇 가지를 생각하게 한다.

한국 교회의 교회학교는 아이들의 눈높이에 맞는 시설을 가지고 있는가?

교회학교는 아이들의 눈높이에 맞게 복음을 말해 주면서 본질을 본질이라고 말하고 있는가?

그 본질은 살아있고, 역동적이며 아이들의 삶에도 강력하게 역사해서 그들을 바꾸고 그들을 살려내게 하는 본질인가?

아니면, 비본질에서 끝나는가?

함께하는교회에 다니는 아이들이 교회에 가고 싶어 하는 이유는 교회가 그 아이들의 눈높이에 맞는 시설과 프로그램, 교육을 준비해 주고 있기 때문일 것이다. 기존 교회들도 복음을 아이들의 눈높이에 맞춰 가르치려고 하지만, 시설과 프로그램, 교육이라는 전방위적 접근을 하고 있지는 않다.

함께하는교회의 교회학교는 아이들의 눈높이에 맞춰 부모, 교회, 학교 선생님, 학부모, 시설, 프로그램, 교회학교 교재 등등 활용할 수 있는 모든 영역을 사용해 교육을 진행하고 있다. 함께하는교회는 이 교회가 사용할 수 있는 자원을 최대한 활용하고 있다. 아마도 이것이 이 교회의 교회학교를 성장하게 하는 동력일 것이다.

8. 성공 포인트 요약

1) 교회 전체 요인

첫째, 부산 함께하는교회 교회학교 성공은 체계적인 교회 시스템에 있다

함께하는교회는 상담을 목회에 잘 접목한 교회이다. 상담을 통해 사람들이 하나님을 만나는 데 방해가 되는 요소들을 제거하고 하나님을 만나게 하는 목회를 지향한다.

둘째, 신앙 교육에 있어서 부모의 역할을 중요하게 생각한다

신앙 교육에서도 부모의 역할이 중요하다는 것을 인정한다. 또한, 인격적으로나 신앙적으로 좋은 부모가 좋은 교육할 수 있다는 것을 전제하고 있다. 따라서 황동한 목사의 교회학교 목회는 부모

목회에서 시작한다.

셋째, 학부모와 교회학교 선생님이 함께 아이들을 교육한다

넷째, 굉장히 다양한 교육 프로그램을 하고 있고, 그 프로그램들 안에 상담, 기도, 말씀들이 조화롭게 어우러져 있다

다섯째, 장년부 예배에 따라오는 아이들을 위한 프로그램이 잘 되어있다
 수요예배나 금요예배 시간에 아이들 위하여 자체 프로그램을 진행한다.

여섯째, 전체 교회가 나눔이 활발하고, 모든 교인이 1박을 하며 자신들의 이야기를 하고, 함께 성찰하는 분위기가 조성되어 있다.
 이런 분위기가 아이들에게도 흘러 들어가고 있다.

일곱째, 아이들을 위한 교회 시설에 투자를 많이 한다. 이미 있는 시설도 다른 교회보다 좋은데 시대에 따라 달라지는 흐름을 교회에 도입하는 데도 과감하다.
 외부 문화를 가져오는 데 주저함이 없고 그것을 교회 문화 안에서 승화시킨다.

2) 교회학교 요인

첫째, 부산 함께하는교회의 교회학교는 신앙 이전에 아이들이 어린 시절에 할 수 있는 풍성한 경험을 하게 한다

둘째, Q.T.를 생활화하게 한다

셋째, 아이들 관리를 다각적으로 하는데, 시스템상 여러 명의 사역자가 한 아이, 한 가정을 관리한다

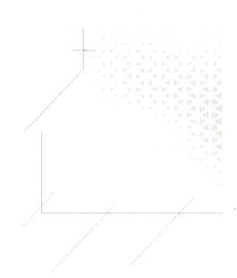

제4부

평신도 탐구

원래 이 책은 교회학교에 대한 부분을 탐구하기 위해 썼다. 그런데 평신도들을 인터뷰하다 보니 중요한 주제들이 몇 가지 있었다. '담임목사나 부교역자들은 미처 생각하지 못한 것일 수도 있겠다'라고 생각한 주제들이다.

이 섹션에서는 그런 부분들과 세 교회에서 공통적으로 발견되는 요소들을 모아보았다.

1. 교회 선택 이유

1) 교회 선택 이유에 대한 통계

2016년 지앰컴리서치는 20세 이상 개신교인 500명을 대상으로 평신도들이 교회를 선택하는 요소를 조사한 적이 있는데, 그 결과는 다음과 같이 나타났다.

(1) 집과의 거리: 20.1퍼센트

(2) 모태 신앙/어려서부터 다녀서: 17.7퍼센트

(3) 담임 목회자 설교: 17.4퍼센트

(4) 부모와 결혼 등 가족의 권유: 13.5퍼센트

　이 설문에 의하면 사람들은 집에서 가까운 거리에 있는 교회를 선호한다. 이는 나이별로도 차이가 있는데 20대와 30대의 젊은 층은 교회를 선택하고 정착하는 첫 번째 이유가 집과의 거리였고, 40대와 50대는 목회자의 설교, 60대 이상은 목회자의 인격이라고 답했다.

　교회 만족도에 대한 조사에서는 가장 중요한 요소가 '예배 분위기'로 나타났는데, 이 설문을 진행했던 지용근 대표는 "예배 분위기란 여러 가지 성격을 가질 수 있어서 추가적인 연구가 필요하다"라고 부연 설명했다.

　그러나 이 설문을 곰곰이 생각해 보면 질문이 생긴다. 교회를 선택한 이유 1위가 '집과의 거리'인데 이것은 애매모호하다. 한국은 교회가 거주지 주변에 너무 많다. 아주 한적한 시골 동네를 제외하고 웬만한 곳은 교회가 걸어서 10분 안에 있다. 그것도 여러 개가 있다. 그러므로 '집과의 거리'라는 것은 모호한 응답이 된다. '집과 가까이 있는 교회가 몇 개인데, 왜 하필 그 교회를 선택했는가'에 대해 그 이유를 물어야 한다.

　그리고 집과의 거리는 차를 타고 이동할 만한 거리라는 것도 포함하고 있다. 차를 타고 집에서 5-10분을 이동해도 가깝다고 느끼는 사람들이 있기 때문이다. '집과 가깝다'라는 것은 사람마다 의미하는 바가 다르다. "집에서 가까워서"라고 말했던 사람들이 바로 집 앞에 교회가 있어도 차로 10분을 이동해서 특정한 교회에 가기도 한다. 그리고는 그 교회에 간 이유가 "집과 가까이 있어서"라고 대답한다. 그러나 보통 여기에는 다른 이유가 추가된다. 집에서도 가깝지만, 목사님 설교가 좋아서라든지, 그냥 편안해서라든지.

그러므로 이 설문 조사의 첫 번째 이유는 생각할 여지가 많은 항목이다. 이어지는 항목들은 그럴듯하다. 젊은 층은 모태부터 한 교회를 다니기도 하고, 부모와 가족의 권유로 나가기도 한다. 결국, 이 설문에서 사람들이 자력으로 교회를 선택하는 유일한 이유는 '담임 목회자 설교'이다. '담임 목회자 설교'는 교회 선택에서 중요한 이유가 된다.

다음으로 생각해 봐야 할 것은 교회에 대한 만족도가 '예배 분위기'와 관련이 있다는 내용인데, 이 또한 중요한 것을 시사하는 자료가 맞다. 사람들이 예배 분위기라고 말하는 것은 중요한 선택 기준으로 자주 언급되고 있는 항목이다.

지용근 대표가 언급한 것처럼 사람들이 말하는 예배 분위기는 예배 분위기만을 의미하지는 않는다. 예배 분위기는 내가 교회에서 느끼는 분위기를 말하는 것이다. 예배에서 느껴지는 역동감을 포함해 예배 가운데 느껴지는 뭔지 모를 포근함일 수도 있고, 사람들의 친절함일 수도 있다. 말로 표현하기가 그런 어떤 직감 같은 것일 수도 있다. 사람들은 이런 이유로 교회를 선택하고 정착한다.

2) 젊은 부모들의 교회 선택 이유

그럼, 아이를 둔 30-40대 부모들은 어떤 기준으로 교회를 선택할까?

평신도들의 이야기를 듣다 보니 흥미로운 사실이 있었다. 과거에 사람들이 교회를 선택한 기준은 담임목사의 설교, 교회의 분위기, 또는 프로그램의 호감도, 교인들과의 친분이었다. 위에서 언급한 예배 분위기는 아마도 교회 분위기, 프로그램 호감도, 교인들과의 친분과 연결되어 있을 것이다. 물론, 이것은 현재도 중요하다. 평신도 인터뷰를 할 때도 담임목사의 설교는 교회를 선택하고 정착하는 데 중요한 요인으로 나타났다.

또한, 교회의 분위기라고 말한 것도 다양한 방식으로 표현되었다. 따뜻함, 교인들이 자신을 섬겨 주었던 고마움, 감동 등으로 표현되었다. 프로그램의 호감도라는 것도 강의 내용과 더불어 그들이 거기서 다른 교인들을 통해 느꼈던 감동과 고마움이 포함된 것이었다. 이 요인들은 명백히 교회를 선택하고 정착하는 데 지금도 중요한 요인으로 꼽히고 있다.

그런데 인터뷰를 하면서 한 가지 요인을 더 발견했는데 그것은 자신들의 아이들과 관련된 것이었다. 부산 함께하는교회를 분석할 때 언급한 것처럼 요즘은 아이들이 귀해졌다. 옛날처럼 자녀들이 많지 않다. 보통 한두 명이 너무 흔해졌고, 셋이라고 하면 많다고 생각한다. 자녀를 셋 가진 부모가 많지 않기 때문이다. 그래서 가정에서도, 교회에서도 아이들이 중요해졌다. 아이들이 중요해진 것은 교회를 선택하고 정착하는 데도 많은 영향을 미친다. 과거에는 담임목사의 설교, 교회의 분위기, 교회의 프로그램 같은 것이 중요했다면, 현대는 담임목사의 설교, 교회의 분위기, 교회학교가 중요해졌다. 위에서 언급한 대로 자녀를 둔 젊은 부모들은 자신의 자녀를 신앙으로 교육할 수 있는 교회를 선호한다.

아무리 담임목사의 설교가 좋고, 교회의 분위기가 좋아도 자녀를 교육할 수 있는 교회학교가 없거나 거의 유명무실하면 교인들은 동요한다. 처음에는 아이들만 다른 교회로 보내다가 나중에는 부모들도 같은 교회로 옮겨가는 경우가 많아진다. 설교는 유튜브나 TV 매체의 발달로 인해 대체할 수 있다. 물론, 현장에서 은혜를 받는 것이 좋기는 하지만, 그럴 수 없으면 유튜브라는 매체로 버틸 수 있다.

오랫동안 한 교회에 다닌 사람들은 거기에 아는 사람들이 있고, 담임목사와의 관계 등 여러 가지가 얽혀있기 때문에 교회의 분위기가 아주 마음에 들지 않아도 그런가 보다 한다. 그런데 교회학교가 없어서 아이가 예배 시간에 돌아다니거나, 자꾸 집에 가자고 조르면 힘들어진다.

몇몇 인터뷰 응답자는 주일 어른 예배 안에서 아이들의 분주함을 수용해 주는 교회에 고마움을 느끼거나 감동하기도 했다. 김포 두란노교회의 한 집사는 성가대실 옆에 자모실을 두고 성가대원이 특송을 하고 특송이 끝난 다음 바로 이어진 옆방에 가서 아이와 함께 예배드릴 수 있게 한 것에 감탄했다.

부산 함께하는교회에 새로 등록한 사람들은 어른들이 예배드릴 때 아이들 교육 프로그램이 있는 교회의 시스템을 좋아하기도 했다. 논산 한빛교회 새신자들은 아이들에게 예배에 대한 사모함을 심어서 함께 예배드리게 만들고 예배 후 강단에 아이들을 올라오게 해서 아이들을 매번 축복하고 기도해 주는 분위기를 좋아했다.

　지금의 젊은 부모들은 가정에서 소중하게 대하는 그 아이들이 교회에서도 존중받고 소중하게 여겨지는 것을 원한다. 어른들이 예배드리니 자유롭게 나가서 놀게 하는 교회보다 아이들과 부모들을 배려해 주는 교회에 감동한다.

　이 세 교회는 교회의 분위기가 이렇다 보니 다른 교인들도 아이들을 존중하며 대했다. 아이 엄마가 밥을 먹는 동안 교회 안에서는 공식적으로든 비공식적으로든 아이 엄마를 챙겨 준다. 엄마가 교육을 받거나 예배드릴 때는 아이들을 위해 뭔가를 한다. 이 세 교회는 수요일이나 금요일 예배가 있는 시간에도 아이들을 그냥 내버려두지 않는다. 그 시간에도 교회가 아이들을 위해 무엇인가를 한다. 교육하든지, 예배를 드리게 하든지, 프로그램을 진행하든지 말이다. 김포 두란노교회와 논산 한빛교회는 새벽기도회도 아이들을 위한 특별한 시간을 마련해 두고 있다. 그 아이들이 주인공인 예배이다.

　이 세 교회는 아이를 소중하게 대한다. 아이를 어른들이 올 때 딸려 오는 부속물로 보는 것이 아니라 한 인격체로, 한 교인으로 존중하는 것이다. 희한하게 이런 배려와 존중을 교인들은 느끼고 있다. 그리고 소문을 낸다.

　그래서 이 세 교회는 모두 지역에서 '좋은 교회학교가 있는 좋은 교회'라고 소문이 나 있다. 위치가 안 좋아도 사람들이 애써 찾아오는 교회가 된 것이다. 정말 희한하게도 말이다.

2. 밥

1) 한국 그리스도인과 밥

한국 사회에서 밥은 복합적인 의미가 있고, 다양하게 표현된다. '밥심', '밥벌이', '밥상 공동체', '집밥', '혼밥' 등.

밥은 그냥 배가 고파서 먹는 음식으로 생각되는 것이 아니다. 한국인들에게 밥은 사회적인 측면에서 중요한 기능과 역할을 하고 있다. 한국인들의 삶 속에 있는 희로애락의 구석구석에 밥이 있다. 축하해 주는 자리에, 함께 위로해 주는 자리에, 아픈 사람이 있는 곳에 밥이 있다. 사람들은 밥이라는 것을 나누며 위로를 받고, 함께 웃고, 돈독한 관계를 맺어간다. 한국 사회에서 밥은 사람들과의 관계를 더 깊게 만드는 매개체가 된다. 그래서 밥을 나눈다는 것은 관계를 형성하고, 대화하고, 마음을 여는 것을 포함한다.

이것은 한국의 역사 때문이라는 것을 우리는 너무 잘 알고 있다. 한국은 오랫동안 가난했던 나라였다. 풍족해진 것이 얼마 되지 않았다. 풍족한 것이 오래된 이야기 같지만 60대의 어린 시절도 어쩌면 50대의 어린 시절까지만 되어도 못 먹고, 못 입었다. 80년대까지만 해도 자장면은 '특별한 날 먹는 아주 특별한 음식'이었고, 계절 채소나 과일은 그 계절에만 먹을 수 있는 '너무나 소중한 것'이었다.

그런 시대에 밥을 나눈다는 것은 특별한 것이었다. 밥을 굶고 있는 사람에게 밥을 준다는 것은 특별한 선물이다. 따뜻한 마음이었고, 정이었다.

물론, 지금은 그때 특별한 음식이 일상식이 되었고, 계절이라는 게 무색해졌다. 먹고 싶으면 언제든 먹을 수 있다. 하지만, 음식을 나누고 식사를 한다는 것은 마음을 나눈다는 것이어서 한국 사회에서 그런 문화적 의미가 퇴색된 것은 아니다. 흥미로운 것은 지금은 굶고 사는 시대가 아닌데도 밥을 나누고 누군가가 나에게 밥을 사 준다는 것이 특별하게 느껴진다는 것이다.

사실, 교회에서 밥을 준 게 나는 언제부터 시작됐는지 모르겠다. 교회의 공동 식사 역사에 관해 관심을 가져본 적이 없어서 정확히 언제부터 이런 문화가 교회에 들어왔는지는 모르겠다. 그러나 어느 순간부터 예배 후 교회에서 밥을 주기 시작했고, 자연스러운 일이 되었다. 그리고 '밥상 공동체'라는 이름을 자연스럽게 붙이기 시작했던 것 같다.

'교회에서 밥을 나눈다는 게 사람들에게 어떤 의미가 있을까'라는 것에 대해 생각해 본 적이 없었다. 요즘은 좋은 메뉴, 맛있는 음식이 너무 많은데 교회의 찐 밥이나 국수가 무슨 의미가 있는지 관심이 없었으니까 말이다. 나에게 교회 밥이란 '주일날 예배나 모임 때문에 교회 밖을 나갈 시간이 없어서 교회에서 먹는 밥'이다. 그런데 인터뷰를 하는 동안 참 여러 번 사람들은 밥에 관해 이야기를 했다.

2) 밥을 나눈다는 것의 의미

사람들이 "교회에서 밥을 주는 게 너무 좋았다"라는 이야기를 할 때마다 의아했다. 이 이야기는 세 교회 평신도들에게서 골고루 들었다. 어느 한 교회이거나 특정 연령층이 아니라 아이에서부터 권사님 세대까지 골고루 나왔던 이야기이다. 나는 교회에서 주는 그 찐 밥을 사람들이 왜 좋아하는지 이해를 할 수가 없었다.

처음에 인터뷰했던 곳은 김포 두란노교회였는데, 그때까지만 해도 그분들만 하는 이야기인 줄 알았다. 그런데 나머지 두 교회를 방문했을 때도 동일한 이야기가 들렸다. 이야기를 들으면서 '이게 왜 중요한지' 고개만 갸웃댔는데 반복적으로 들으니 '그런가 보다' 했다. 그렇다고 이해가 됐던 건 아니다.

순수한 궁금증에서 밥을 준다는 게 무슨 의미인지 한 젊은 새신자에게 물었었다. 그분은 요즘 대세와는 달리 아이가 세 명이 있었는데, 매일 아이들 밥 차리고 요리를 한다는 게 참 힘들다고 했다. 그분이 다니는 부산 함께하는교회는 수요일, 금요일에 저녁을 준다. 주일도 물론 식사를 할 수 있다. 일주일에 세 번을 교회에서 먹는데, 자기는 그게 정말 좋다는 것이다.

학령기 전인 세 아이를 모두 데리고 와서 교회에서 밥을 먹고 있으면, 다른 분들이 와서 아이에게 밥도 먹여 주신다고 한다. 그 시간 동안 집에서는 누릴 수 없는 한가한 식사를 할 수 있는데, 남이 해 주는 밥은 더 맛있단다. 다행히 아이들도 집에서 먹을 때보다 더 잘 먹는다고 한다.

김포 두란노교회에서 어떤 분이 교회 정착을 하게 된 이유를 물었을 때, 거기도 밥에 관한 이야기가 있었다. 교인들이 모이는 데 가니 늘 맛있는 밥을 챙겨 주시고 먹을 것을 주셨다고 했다. 〈아기 학교〉에 다녔던 사람들도 거기서 주는 밥 이야기를 했다. 맛있는 밥을 매일 먹으러 다니다 보니 교회에 점점 더 가게 되고 정착했다고 한다.

논산 한빛교회 아이들도 성경 카페에서, 새벽기도회가 끝나고, 운동하고 밥을 먹는다. 물론 주일에도 밥이 나온다. 교회에서 밥을 먹게 되면 설거지는 아이들이 한다. 그런데도 아이들은 그게 좋단다.

이런 똑같은 시스템은 부산 함께하는교회도 마찬가지였다. 교회에서 프로그램이나 활동을 하면서 밥을 하게 되면 으레 설거지는 아이들이 한다. 거기는 아이들이 요리도 한다. 그런데 그것을 좋아한다. 아이들은 "그렇게 계속 함께 밥을 먹었으면 좋겠다"라고 목사님에게 이야기한다고 한다.

뭐가 좋은걸까?

이 아이들은 모든 게 풍족한 아이들인데 말이다.

음식의 질로 따지면 집에서 먹거나 밖에서 사서 먹는 게 훨씬 낫다. 그들이 말하는 맛있는 밥이란 진짜 음식의 질이나 맛을 뜻하는 것은 아닐 것이다.

교회에서 대량으로 하는 그 찐 밥이 맛있을 리가 없지 않은가?

진짜 맛있다고 느끼는 사람도 있겠지만, 그 맛있다는 건 '많은 의미를 담고 있는 것이겠지' 생각해 본다.

그 속에 있는 정성, 따뜻함, 관심, 배려, 추억, 재미 등 이런 많은 것이 섞여 있지 않을까?

음식과 관련된 사람들이 있다. 요리를 한 사람만 있는 것이 아니라, 그 음식을 나눌 때 있었던 사람들이 있다. 거기에는 관계가 있고, 분위기가 있고, 이야기가 있다. 인터뷰를 했던 어느 집사님의 아이는 아직도 교회 누나가 해 준 스팸을 넣은 김치볶음밥에 관해 이야기한다고 한다.

5, 6학년 누나가 해 준 김치볶음밥이 엄마가 해 준 것보다 맛있을 리가 없을 텐데 그 아이는 몇 년이 지나도 그때 먹었던 김치볶음밥 이야기를 한다고 한다. 그 아이에게 그 김치볶음밥은 재미이고, 행복했던 추억이고, 그리움일 것이다.

김포 두란노교회 이상문 목사는 늘 '잘 퍼주자, 잘 먹이자'라고 생각한다는데 진짜 잘 먹이는 게 효과가 있는 것 같다. 세 교회 모두에서 만난 사람들이 먹는 것에 감동하는 것을 보면 말이다. 그리고 그들은 "그것이 그 교회에 정착한 중요한 이유 중에 하나입니다"라고 한결같이 말했다.

3. 교회의 지향과 교회학교

1) 교회가 성장하지 않는 이유에 대한 의견

지앰컴리서치에서 2022년 4월 예장통합 서울서북노회의 목회자들을 대상으로 '서울서북노회 교회학교 조사 보고서'라는 통계를 산출한 적이 있다. 그 설문에서 목회자들에게 교회학교가 성장하지 않는 이유에 관해 물었더니, 강동노회나 대전서노회와는 완전 다른 결과가 나타났는데, 먼저 서울서북노회의 결과는 다음과 같다.

(1) 세속주의 가치관 및 문화의 영향: 37.4퍼센트
(2) 출산율 저하: 27.7퍼센트
(3) 학원 및 공부로 인한 시간 부족: 27.7퍼센트
(4) 전도 부족: 26.5퍼센트
(5) 기독교에 대한 부정적 인식: 18.7퍼센트
(6) 부모의 교회학교에 대한 인식 부족: 18.7퍼센트
(7) 지도 교역자 전문성 부족: 11.0퍼센트
(8) 교회학교 공간 및 시설 부족: 10.3퍼센트

그리고 서울강동노회의 결과는 아래와 같다.

(1) 전도 부족: 33.3퍼센트
(2) 부모의 교회학교에 대한 인식 부족: 33.3퍼센트
(3) 출산율 저하: 27.5퍼센트
(4) 학원 및 공부로 인한 시간 부족: 27.5퍼센트
(5) 기독교에 대한 부정적 인식: 27.5퍼센트
(6) 교회학교 공간 및 시설 부족: 19.6퍼센트

또한, 대전서노회의 결과는 이처럼 나타났다.

(1) 출산률 저하: 41.6퍼센트
(2) 기독교에 대한 부정적 인식: 34.9퍼센트
(3) 부모의 교회학교에 대한 인식 부족: 30.5퍼센트

(4) 학원 및 공부로 인한 시간 부족: 26.9퍼센트

(5) 지도 교역자 전문성 부족: 24.5퍼센트

    이처럼 세 노회의 결과가 너무나도 다르게 나타났다. 굳이 세 노회의 통계 결과를 모두 나열한 이유는 어느 노회도 결과가 같지 않다는 것을 말하기 위함이다. 목회자들은 교회학교가 성장하지 않는 이유를 다 다르게 생각하고 있다. 여기에서 내가 질문하고 싶은 것은 교회학교가 성장하지 않는 이유가 이 항목에서 보여 주는 것처럼 거의 모든 요인이 외부 요인 때문인가 하는 것이다.

    위의 항목에서 전도 부족, 지도 교역자의 전문성 부족, 교회학교 공간 및 시설 부족을 제외하고는 모두 외부 요인들이다. 이 항목들은 거시적인 맥락에서 한국 교회 교회학교에 영향을 주고 있는 요인들이 맞다.

    그리고 개인적으로 만난 일부 담임목사들은 교회학교 다음세대 목회의 성공이 그 부서를 담당하는 사역자에 달려있다고 말한다. 물론, 틀린 생각은 아니다. 교회학교를 담당하는 담당 사역자의 역량은 교회학교 성공의 중요한 요인이다. 사역자 중에는 정말 교회학교 부흥에 달란트가 있는 사람들이 있다. 그 사람들은 보통 사역지를 옮겨도 성공할 확률이 높다. 교회학교 부흥도 노하우가 있어야 잘하기 때문이다.

    그럼, 우리는 이렇게 되물어야 한다.

그 사역자들이 없으면 교회는 교회학교 성장을 포기해야 하는가?

교육부서 사역자들은 파트타임 사역자가 많아 아주 짧은 시간 봉사를 하게 되는데, 그 사역자들이 교회를 옮기면 교회학교의 성장을 포기해야 하는가?

교회는 담당 사역자들의 역량에만 의존해야 하는가?

이것은 반은 맞고, 반은 틀린 말이다.

2) 교회학교 성장요인

교회학교의 성장은 몇 가지 요소가 복합적으로 움직인 결과이다. 교회학교의 부흥은 세 개의 영역이 함께 움직여야 가능한 영역이다.

전체 교회 + 교회학교 + 부모 목회

이 세 영역의 역할은 모두 다르다. 그리고 이 세 영역이 조화롭게 작용하면 시너지 효과를 크게 발휘할 수 있다. 이것은 모든 시대, 모든 교회에 적용되는 원리는 아니다. 그러나 이 틀은 현재 기본적으로 중요한 요소이다.

먼저, 교회 전체가 하는 역할을 보자. 어떤 사람은 교회학교 성장이 교회 전체 목회 방향과 상관이 없다고 생각한다. 하지만 그렇지 않다. 교회 전체 방향은 교회학교 성장의 초석이다. 교회학교는 그 위에서 성장할 수 있다.

교회가 전반적으로 쇠퇴하거나 분위기가 안 좋거나 성장 동력을 상실했는데, 교회학교만 '나홀로 승승장구'하지 않는다. 그런 일은 아주 드물다. 교회 전체는 교회학교를 지원해 주는 역할을 한다. 그 '지원'이라는 것은 물적자원만 의미하는 것이 아니다. 물적 자원, 인적 자원을 포함한다. 부흥했던 세 교회 중 어느 교회도 이렇게 하지 않은 교회가 없다.

김포 두란노교회 경우만 보더라도 그렇다. 김포 두란노교회의 교회학교가 성장한 이유는 여러 가지 기초를 이상문 목사가 뒤에서 지지해 준 결과이다. 이 교회학교 부흥의 일차적 초석은 이상문 목사의 목회 방향이다. 이상문 목사는 진취적이다. 이상문 목사 자체가 교회학교 부흥에 달란트가 있는 분이고, 성공 노하우를 잘 알고 있는 사역자이다.

그래서 이상문 목사는 김포 두란노교회 전체를 홍보했고 다양한 목회를 하면서 지역 안에 교회에 대한 좋은 이미지를 구축했다. 성장할 수 있는 간접적인 포석을 깔아둔 셈이다. 김포 두란노교회 자체가 교회학교의 홍보물 역할을 한 것이다. 이와 더불어, 김포 두란노교회는 교회학교에 물적 자원을 아끼지 않는다.

그리고 각 부서에 평신도 인적 자원을 확보하고 있다. 그 위에서 교회학교는 전도하고, 선생님들은 아이들을 돌보고, 프로그램을 운영하고, 아이들이 흥미 있어 하는 것을 도입하고, 아이들이 기도하고, 하나님을 찾게 만드는 영적인 부분을 과감히 더했다.

이 교회는 현대 교회학교 목회에서 중요한 '부모'라는 요소도 일찍부터 알고 있었다. 그래서 이 교회는 부모에게 감동을 주고 부모를 배려하려고 노력한 교회였다.

 김포 두란노교회가 부모 목회에 큰 노력을 기울인 것은 부모 목회가 교회학교와 연결되어 있다는 것을 알았기 때문이다. 어떻게 하면 부모를 감동하게 할까를 생각하면서 어른 예배, 아이들 예배, 아이들 프로그램을 기획하고 세세하게 생각했다. 그래서 맘카페에서 입소문이 난 교회가 되었다. 엄마들이 개별적인 홍보 대사가 된 것이다.

 부산 함께하는교회도 마찬가지이다. 교회 전체가 교회학교를 지원하는 역할을 하고 있다. 황동한 목사 목회의 장점은 디테일이 강한 것이다. 아이들의 욕구와 필요를 다방면에서 충족시켜 주려고 노력한다. 아이들의 삶의 영역이란 가정, 학교, 교회로 구성되는데 이것을 모두 생각한 교회이다.

 이 교회의 가장 큰 강점은 부모 교육이다. 부모에게 어떻게 아이들을 잘 키울 수 있느냐에 대한 것을 단순히 가르치는 것이 아니라, 부모의 내면에 대한 감성 터치를 하고 있다. 부모를 먼저 교육해 자신의 아픔을 보게 하고, 내면을 보게 하고, 변화시키는 것을 목적에 두고 있다. 교회가 부모 교육을 하고 있다.

 이 교회의 시스템은 교회 규모에 비해 굉장히 정교하다. 아이들의 학교 교육을 위해 교회는 공부방을 운영하고 전문적인 선생님을 고용해 학원이나 대안학교처럼 운영한다. 교회가 학교 공부와 아이의 진로에도 관심을 가지고 다루고 있다.

 그뿐만 아니라, 교회학교는 아이들이 자라는데 필요한 정서적 욕구를 채워 준다. 감성, 경험, 모험, 인간관계, 사회생활 이런 것을 생각한다. 거기에 하나님을 만나게 하기 위한 영적 프로그램을 올린다. 성경 암송, 강의, 기도회, 긴 수련회 등등은 대표적인 영성 프로그램들이다. 교회 차원에서 물적·인적자원을 지원하기도 하지만, 선생님들의 정성도 대단하다. 시간과 돈과 정성을 아이들에게 투자한다. 이런 이유로 부산이 큰 도시인데도 불구하고 아이 때문에 고통받고 절망적이고 답을 찾을 수 없는 부모들이 입소문을 듣고 교회로 찾아온다.

유일하게 조금 다른 형태를 띠고 있는 교회가 논산 한빛교회이다. 물론 논산 한빛교회도 두 가지 요소는 같다. 물적·인적자원을 전체 교회 차원에서 지원한다. 한빛랜드같이 몇천만 원이 드는 행사는 교회의 지원 없이는 절대 할 수 없는 행사이다. 강신정 목사는 교회학교 행사를 위해 교인들과 같이 기도하고 행사에 참여하도록 독려한다. 강단에서 교회학교의 중요성과 의미를 부여해 주고 도움을 요청한다. 교회가 교회학교를 강하게 지원해 주고 있다.

교회학교 선생님들은 아이들과 개인적으로 시간을 보내고 아이를 돌본다. 논산 한빛교회의 가장 강력한 성장동력은 전도도 있지만 아이들을 잘 보살피는 선생님들이다. 이 교회는 담당 사역자가 교회학교 부흥에 달란트가 있기도 하지만 선생님들과 팀워크가 잘 맞는다. 전도해서 아이를 데리고 오면 선생님들은 잘 돌본다.

교회 전체가 아이들의 영적인 성장에 관심이 있으며 그에 대해 강조를 한다. 하지만 이 교회는 다른 두 교회와 달리 부모 목회가 강한 것 같지는 않다. 그런데도 이 교회가 성장하고 있는 이유는 비교인 자녀들이 약 50퍼센트를 차지하고 있기 때문이다. 비교인 자녀들 비율이 높아지면 부모 목회가 강하지 않아도 어느 정도 선방할 수 있다.

달리 말하면, 부모 목회가 더 중요해지는 곳은 부모들이 교인인 경우이다. 그런 교회들은 부모 목회를 해야지 교회학교가 더 탄력을 받을 수 있다. 주로 도시에 있는 교회들이고 현대 한국 교회 대부분이 여기에 속한다. 논산 한빛교회처럼 비교인 자녀가 많은 교회가 사실은 소수이다. 비교인 자녀가 많은 교회는 아이들 자체 목회가 더 중요하다. 아이들 목회만 집중해도 성장할 수 있다. 과거 한국 교회가 성장기에 교회학교가 부흥할 수 있었던 이유가 이것이다. 논산 한빛교회는 조금 더 각도를 달리하여 지역성 섹션에서 다시 다루는 게 좋을 것 같다.

결론은 현대 한국 교회에서는 아래의 세 영역이 반드시 조화를 잘 이루어야 한다는 것이다.

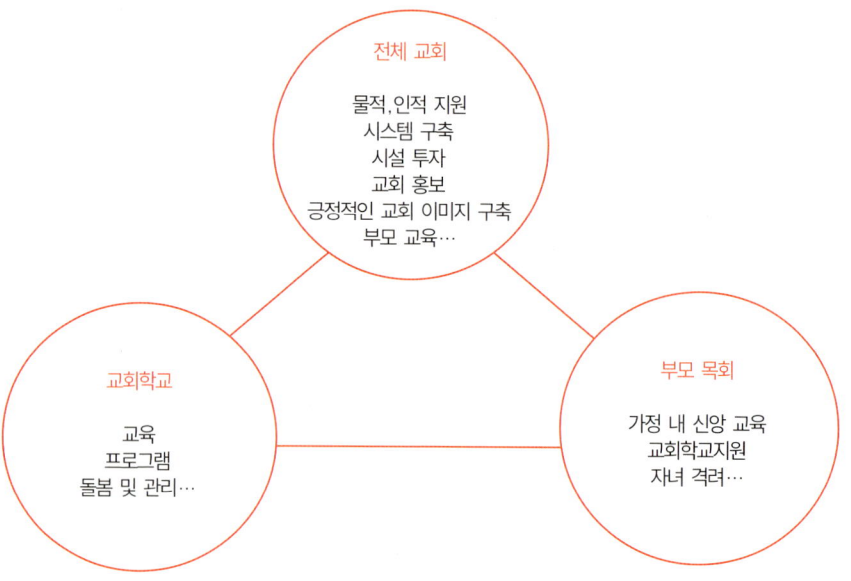

(1) 전체 교회

(2) 교회학교

(3) 부모 목회

담임목사가 강단에서 교회학교에 대해 한 번 언급해 주는 것만으로도 교회학교는 힘을 받는다. 그리고 지금은 시대가 달라져서 물질적 투자를 안 해도 성장을 할 수 있는 시대가 아니다. 어떤 장로님은 당신 어렸을 때를 이야기하시면서 교회학교의 물량은 자제하고 은혜로 해야 한다고 강조하셨다. 은혜로는 맞는데 재정을 축소하면 교회학교는 많은 것을 못 하게 된다.

인적 자원 지원에 대해서도 어떤 교회는 담당 파트타임 사역자가 선생님을 구하게 한다. 물론, 그 부서의 부장이나 선생님들이 사람을 데려오기도 한다. 그런데 어떤 부서는 부서의 특성상 그게 불가능한 때도 있다. 담임목사 또는 교육국을 담당하고 있는 목사는 지원해 줘야 한다. 파트타임 사역자는 사역의 시간적, 공간적 제약 때문에 인맥 풀이 넓지 못하다. 그런데 담당 사역자에게만 맡겨 두면 그 부서는 인력 때문에 부흥을 하지 못하게 된다. 교회학교 부흥을 원하면 교회 차원에서의 물적·인적 자원을 지원하는 것에 인색해서는 안 된다.

흥미로운 것은, 세 교회의 교회학교 선생님들은 담임목사들을 열렬히 지지하는 사람들이 많다는 것이다. 담임목사에게 많은 영향을 받았던 사람들이 많았다. 김포 두란노교회는 방화에서 운양에 올 때 이사를 하면서까지 김포 예배당을 세웠던 사람들이었다. 운양에 예배당을 세

웠을 때 방화에 직장이 있고, 오랫동안 살았던 사람들이 교회와 함께 이사한 것이다. 그들이 교회학교의 핵심 회원들이 되었다. 김포가 빠르게 성장할 수 있었던 이유 중의 하나가 그 열혈 구성원들 때문이었다.

논산 한빛교회도 개척 당시부터 정착했던 사람들과 강신정 목사의 열혈지지자들이 교회학교에 포진해 있다. 그래서 이들은 강신정 목사가 하려고 하는 일의 적극적인 지지자이자 후원자들이 되었다. 부산 함께하는교회는 성격상 담임목사가 교인 한 사람 한 사람과 상담을 하기도 하고, 교회학교 선생님들을 예배 후 또는 시간이 될 때 번개 상담을 하기도 하면서 담임목사와 꾸준한 관계를 맺는다. 담임목사는 교회학교 선생님들을 지지하고 노력을 알아 주고 응원해 준다. 교회학교 선생님들의 헌신과 충성 이면에는 담임목사들의 깊은 정서적 지지도 있었다.

4. 예산

1) 오병이어의 기적

성경에 오병이어의 기적이 나온다. 보리 떡 다섯 개와 물고기 두 마리로 오천 명을 먹이신 사건이다. 성경을 읽고 대화를 나눌 때마다 늘 말이 많아지는 본문이다.

보리 떡 다섯 개와 물고기 두 마리로 어떻게 오천 명이나 되는 사람들을 먹였단 말인가?

사람들이 자발적으로 내놨다?

진짜 기적이 일어났다?

이외에도 설명이 많지만 사실 아무도 모른다. 우리는 모두 거기 있지 않으니까 말이다. 그런데 명백한 사실은 그 일을 기록한 사람들은 그 일이 진짜로 일어났다고 말한다.

그 일이 어떻게 일어났는지 과학적으로 설명할 수는 없지만, 그 이후에도 오병이어 같은 일들이 우리 일상에 일어난다. 교회 일을 할 때도 우리는 가끔 이런 기적 같은 일들이 일어나는 이야기들을 듣는다. 그리고 우리는 하나님의 뜻이면 하나님이 일하신다고 믿는다. 교회 행사를 할 때는 그 일이 큰 행사면 항상 돈이 넉넉하지가 않다. 모든 행사에 넉넉한 돈을 줄 수 있는 교회가 많지는 않다. 그래서 예산 문제는 많은 경우 행사를 할 때 기도 제목이다.

세 교회가 하는 행사를 보면서 나는 질문했다.

이 많은 돈이 어디에서 나왔을까?

분명히 이 정도 규모의 행사는 많은 돈이 들었을 것 같은데 그 많은 돈이 어떻게 준비되었을까?

마음속에 그런 의문이 있었고 나는 질문했다. 나는 이 교회들이 교회학교에 쓰고 있는 돈이 교회 규모 대비 참 많다고 생각했다.

어떤 교회는 정해진 예산이 없는 교회도 있었다. 김포 두란노교회는 교회학교에서 원하는 것은 무한정 지원한다. 교회학교는 0순위이다. 교회학교는 교회의 방침에 따라 하고 싶은 것을 하고 사고 싶은 것을 산다. 교회학교 선생님들이 아이들을 전도하고 교육하는 데 쓰려고 하는 데는 과감하게 지원한다. 아끼지 않는다. 이 교회들도 다른 교회들처럼 〈달란트 시장〉을 했는데 그 달란트 시장은 정말 풍족 자체였다. 아이들이 좋아하는 것을 준비한다. 그렇게 예산을 준다고 담당자들이 흥청망청 쓰지도 않는다. 교회는 교회학교가 원하는 재정은 어떻게든 채워 주고 싶은 마음에서 그렇게 할 것이다. 교회 목회 방향의 우선순위가 교회학교니까 말이다.

전도 축제를 할 때도 엄청난 예산이 들어갈 것 같은 큰 행사를 준비한다. 그래서 교회가 그것을 어떻게 다 감당하는지 궁금했다. 그런 재정은 교회의 일 년 예산안에 들어있지 않은 경우도 많았다. 논산 한빛교회의 한빛랜드가 그런 행사였다. 하지만 나머지 교회들의 행사도 교인들이 찬조하거나 물건을 팔거나 교회 카페를 일시적으로 운영해서 수입을 보충하고 있었다. 교회 전체 예산으로 불가능한 일은 사람들에 의해 채워진다. 논산 한빛교회 성경 카페도 미스터리였다. 예산이 없는데 매달 40만 원이 채워진다고 한다. 봉사하는 집사님들도 그렇게 말했다.

누가 도와 달라고 부탁하지도 않았는데 한 달이 지나면 간식들이 채워진다고!

꼭 사르밧 과부의 밀가루와 기름통처럼 말이다.

2) 헌금의 의미

이 교회들의 이야기를 들으면서 헌금은 의미와 연관된 것일 수도 있겠다고 생각했다. 사람들이 돈이 없거나 하나님에 대한 사랑이 없는 것이 아니라 의미를 찾지 못하면 헌금을 하고 싶은 마음이 없어지는지도 모르겠다. 물론 돈이 없을 수도 있겠지만 넉넉하지 않고 힘들어도 하나님이 원하시는 일이고 하나님의 뜻이라고 생각하는 일에 교인들은, 그리고 교회는 투자하고 헌신한다.

2021년 8월 이찬수 목사는 설교 시간에 '분당우리교회에 헌금 안 해도 된다. 미자립 교회들을 위해 헌금해 달라.'고 말했다. 코로나로 인해 많은 교회가 예배를 드릴 수 없었고, 미자립 교회는 당장 월세를 고민해야 했다. 많은 담임목사가 월세를 내기 위해 비공식적으로 아르바이트를 하러 다니기도 했다. 분당우리교회는 미자립 교회들의 월세 대납 운동을 하면서 미자립 교회 300-400 교회를 지원하려고 계획했다.

하지만 헌금은 예상했던 것보다 2배 더 많이 나왔고 더 많은 교회를 지원할 수 있었다고 한다. 소문으로는 분당우리교회 교인이 아닌 교인들도 이 운동에 동참했다고 한다. 내가 알고 있는 수원 지역에 사는 유튜브 예배자도 거기에 헌금을 했다고 한다. 중요한 것은 사람들은 의미 있다고 생각하는 곳에 헌금한다는 것이다.

세 교회가 대형 교회처럼 예산이 엄청난 것은 아니다. 하지만 지금까지 일하면서 채워졌고 또 지금도 채워지고 있는 것은 의미를 찾는 교인들이 있기 때문이라고 생각한다. 그리고 이 세 교회는 공통으로 교회학교 다음세대 목회를 목회의 최전방에 두고 사활을 걸고 있다.

그래서인지 교인들도 교회학교의 중요성을 이해하고 있다.

강신정 목사는 말했다.

> 한국 교회가 다음세대의 가치를 모르는 게 너무 안타깝다. 아이들은 10년이 지나면, 20년이 지나면 한국 교회의 기둥이 되고 동역자가 된다. 그 시간은 긴 시간이 아니라 아주 짧은 시간이다. 이 시간 동안 교회는 아이들에게 투자해야 한다. 재정 낭비라고 생각해 재정을 아끼면 안 된다

나는 동의한다. 다른 예산은 줄여도 교회학교는 투자해야 하는 곳이다. 이 세 교회는 재정의 규모도 다르고 목회 스타일도 다르지만, 교회학교에 투자를 해야 한다고 생각하는 것은 공통적이다. 그래서 담임 목사와 교인들이 교회학교에 관심을 가지고 물질적으로도 지원한다.

5. 영적인 교육

1) 아이들의 신앙생활

교회에서 아이들을 가르칠 때 가장 고민이 되는 것이 교육이다. 성경을 가르치는 것은 상대적으로 쉽다. 그런데 정말 오랜 시간 동안 성경을 가르쳐도 하나님과 개인적인 관계를 맺게 하는 일은 쉽지가 않다. 기도를 가르치는 일도 형식적이고 기본을 가르치는 수준에 머물 때도 많다. 그래서 10년 이상 교회를 다녀도 개인적인 경건의 시

간을 가지지 않는 아이들이 대부분이다.

지앤컴리서치에서 2021년 5월 "2021 크리스천 중고생의 신앙생활에 관한 조사연구"를 실시했다. 이 자료는 교회에 출석하고 있는 중고생들 500명을 대상으로 한 자료이다. 자료에 의하면, 교회에 처음 나온 시기가 모태 신앙이 60.4퍼센트이고 모태 신앙을 포함하여 중학교 이전까지가 94.6퍼센트였다. 최근에는 중학교 이후에 교회로 유입되는 인구가 5.4퍼센트라는 뜻이다. 이것은 교회학교가 정체 또는 침체되고 있다는 증거이다.

교회학교가 부흥하고 성장할 때는 외부 학생들의 유입으로 교인 자녀가 같은 숫자라도 교인 자녀 비율이 줄어들 수밖에 없다. 비교인 자녀의 비율이 증가하기 때문이다. 하지만 교인 자녀가 거의 95퍼센트에 육박한다는 것은 기독교 전반적으로 수평 이동은 해도 다른 종교 또는 무종교 층에서 유입되지 않는다는 의미이기도 하다.

어찌되었든 이 이야기는 남겨 두고 신앙 교육에 관한 이야기로 가 보자. 이 통계에 따르면, 하루 중 신앙생활을 하는 시간이 10분 이내가 67.0퍼센트였다. 10-30분 이내가 13.5퍼센트, 30-1시간 이내가 12.5퍼센트이다. 10분 이내는 식사 기도 정도라고 추측된다. 거의 3분의 2는 주중에 신앙생활을 하지 않는다고 볼 수 있다.

이것은 중고등학생에 대한 조사이기 때문에 초등학생은 이것보다 더 약한 수치가 나올 것으로 생각된다. 중고등학생의 경우 수련회를 통해 기도를 배우기도 하고 교회에서 Q.T.를 가르치기 때문에 이런 결과가 나올 수 있다. 하지만 초등학생의 경우 그렇지 않다.

나는 코로나 기간에 사역자들이 코로나로 인해 못 나올 때 대신 다른 부서에 가서 설교한 적이 있다. 2022년 말쯤 초등학교 5, 6학년 예배를 들어갔는데 아이들이 약 50명 정도 있었다. 호기심에 물었다. 설교 전에 두 가지 질문을 했는데, 하나는 부모의 교회 출석 여부였고 다른 하나는 주중에 기도하는가에 대한 질문이었다. 부모님이 교회에 안 다니는 아이는 1명이었고, 기도하거나 성경을 읽는 아이들은 5명 정도 있었다. 50명 중의 5명 정도만 신앙생활을 하는 것이다.

49명이 교인 자녀들인데 주중에 거의 신앙생활을 하지 않는 것에 놀랐다. 우리 교회가 특수한 교회인가 생각해 보면 그렇지는 않은 것 같다. 아마도 한국의 많은 교회에서 이 부분에 대해 고민을 할 것으로 생각한다. 교회학교는 주중에 아이들의 신앙생활 관리가 잘 안 되는 경우가 많아서 어떻게 하면 평일에도 신앙인으로 키워낼까를 고민할 것이다. 나도 그러니까 말이다.

2) 세 교회의 신앙 교육에서의 교훈

세 교회의 교회학교 신앙 교육에 관한 이야기를 들으면서 흥미로웠다. 이 교회들은 초등학교 아이들에게 새벽기도를 드리게 하거나, Q.T.를 하게 만들거나, 통성기도를 하게 하거나, 말씀 암송을 하게 하거나, 말씀을 부모님과 나누게 하는 교육을 하고 있었다.

말씀 암송은 다른 교회에서도 많이 한다. 교회학교에서 말씀을 외우게 하고 성경퀴즈를 하면서 아이들에게 말씀을 가르친다.

그런데 대부분 교회는 기도 교육을 그렇게 적극적으로 시키지는 않는다. 예배시간에 적어 온 기도를 읽게 하는 정도의 교육이 전부이다. 그런데 두란노교회와 한빛교회는 기도 교육을 더 열심히 하다. 설명한 것처럼, 어린이 새벽기도회가 기도 교육의 한 형태였다. 새벽기도회는 어린이 특별새벽기도회 형태이거나 아니면 어른들하고 함께 드리는 새벽기도회 형식으로 드려졌다. 아이들에게 새벽기도회를 참석하게 하고 어른과 비슷하게 통성기도를 하게 하고 방언이나 기도 시간에 대해 훈련을 시키기도 했다.

많은 교회가 이런 기도 교육을 하는 것을 조심스러워서 한다. 기도 교육을 꺼리는 첫 번째 이유는 아이들이 기도에 대해 가지게 될 부정적인 인상 때문일 것이다. 교회는 아이들이 통성기도를 할 때 놀라거나 거부 반응을 가지게 되는 것을 피하고 싶은 마음이 있다.

실제로 중학교 때 교회에 한 번도 간 적이 없었던 내 친구를 찬양 집회에 데리고 갔는데 거기서 통성으로 기도했었다. 그 친구는 너무 놀라서 기도 시간에 거기 있는 것을 부담스러워했고 부정적인 말을 했던 것이 기억이 난다. 놀라거나 거부하는 반응이 없을 수는 없을 것 같다. 그런 것을 처음 보면 말이다. 그래서 많은 교회가 소극적이다. 이것이 대부분의 교회학교 예배에서 아이들이랑 통성기도를 하는 것에 소극적인 이유일 것이다.

그런데 이 두 교회의 교회학교들은 대범했다. 기도회에 아이들을 노출한다. 이 교회들은 어른들이 함께 드리는 예배에 아이들이 오게 한다. 김포 두란노교회는 부모들이 있는 상태에서 그런 환경에 노출하고, 논산 한빛교회는 부모가 예배에 참석하든 참석하지 않든 아이들을 어른과 함께 드리는 예배에 초청한다. 거기에서 자연스럽게 기도를 경험하게 한다.

이 두 교회는 정기적으로 새벽기도회를 하고 있는데 거기에서 아이들을 기도환경에 노출한다. 일 년 내내 새벽기도회를 한다면 참석률이 높지 않을지도 모른다. 하지만 특정한 기간을 정하고 그 기간 동안 아이들을 노출하는 것이기 때문에 임팩트가 있고 그 연장선으로 교회학교에서 통성기도나 기도 교육을 한다. 기도하는 분위기가 교회학교 안에 형성되기 시작하고 정착되면 새로 오는 아이들의 적응은 빨라진다. 거부감도 적어지고 놀라는 게 아니라 호기심을 가지게 된다고 한다.

이게 모든 교회에서 가능할까?

사실 상대적으로 Q.T.나 성경을 부모와 나누게 하는 것은 거부감이 덜하다. 부산 함께하는교회가 주중에 아이들이 부모와 Q.T.를 하게 하고, 김포 두란노교회가 어린이 특별새벽기도회 기간 동안 성경을 부모와 토론하게 하는데 이 또한 일상생활 가운데 성경을 읽고 나누는 것을 교육하는 좋은 훈련이다. 부모와 함께하기 때문에 더 많은 이야기를 나눌 수 있게 된다. 부모와 예배를 드리는 가정들도 있지만, 함께 성경을 가지고 토론을 하거나 말씀을 나누는 가정은 적기 때문에 이 교회들이 하는 신앙 교육은 생각해 볼 가치가 있다.

하지만 기도는 말씀보다는 더 신경 쓰이는 교육이다. 두 교회가 하는 다소 적극적인 기도 교육에서 아이들이 놀랄 수 있는데 이것을 이 교회들은 다른 부분에서 충격을 흡수하게 하거나 완화하게 한다. 충격을 완화하고 긍정적으로 받아들일 수 있게 하는 가장 중요한 요인은 사람이다. 선생님과 부모, 친구들과 따뜻한 관계는 다른 어떤 것보다 중요하다.

  친밀해진 관계에서는 다양한 대화가 가능하므로 이런 영적인 요소들은 대화의 주제로 만들어 낼 수 있다. 그리고 기도를 하는 친구들이 많아지면 그게 자연스러워지기도 한다. 분위기가 중요한 역할을 한다. 이 교회들은 이것을 적절하게 사용하고 있다. 자극과 충격 흡수가 제 기능을 하는 것이다.

6. 개방성

1) 교회의 개방성과 폐쇄성

  교회의 개방성과 폐쇄성은 자주 이야기되고 있는 주제이다. 교회는 지역 사회에 개방적이어야 한다고 말한다. 그런데 이게 그렇게 단순한 문제는 아니다. 가령 주차장을 예로 들면, 수도권 교회의 주차장은 쉽게 개방할 수가 없다. 수도권 교회들은 대체로 주차장이 부족하다. 하지만 지역에 봉사하고 싶은 마음 때문에 일부 교회는 평일에 개방했었다.

  그런데 문제는 주차장을 개방할 경우, 장기적으로 주차가 되어 있는 차들도 있고, 연락처가 없는 차도 있고, 몇 주 전부터 언제 행사가 있으니 교회에서 차를 이동해 달라는 공지를 해도 이동해 주지 않는 경우도 많다. 교회는 정작 필요할 때 주차장을 사용할 수가 없게 된다. 더 큰 문제는 주일인데 주일에 예배 때마다 주차 공간이 부족한데 주일에도 주차된 차들 때문에 교인들의 차를 주차할 수 없게 된다.

결국, 교회는 주차장을 폐쇄한다. 교회만의 문제라고 할 수가 없다. 물론 지역 주민도 주차 공간의 부족으로 얼마나 주차할 때가 없었으면 그랬겠는가 싶지만, 교회는 정작 필요할 때 교회 주차장을 사용할 수 없게 된다. 교회가 어디까지 지역 주민에게 시설을 개방할 것인가는 항상 고민되는 부분이 있다.

그런데 그렇다고 교회가 모든 것을 폐쇄하고 지역 사회와 담쌓고 사는 것이 옳으냐는 논란의 여지가 많았다. 교회마다 1990년대부터 약 30년 동안 예배당 개방을 하지 않는 교회도 많았기 때문에 이에 대한 지적도 많았다. 80년대까지만 해도 교회는 개방되어 있었다. 하나님을 믿지 않는 사람들이 지나가다 우연히 교회에 들어가서 하나님의 이름을 불러 보기도 하던 곳이었다. 그래서 예기치 않게 하나님을 믿게 되는 사람들의 이야기도 종종 있었다.

하지만 2000년이 넘어서면서 교회는 낮에도 문을 폐쇄한다. 그 교회를 다니는 교인들도 비밀번호를 알지 못하면 교회에 들어갈 수가 없다. 교회 안에는 너무 고가의 장비가 있는데 문을 개방해 놨다가 도둑을 맞은 교회들도 있었기 때문에 교회를 폐쇄할 수밖에 없었다. 큰 교회라서 주차 관리 집사님이 있는 교회는 모르겠지만 목사 혼자 교회를 관리해야 하는 교회는 폐쇄하는 게 더 마음 편한 일이기 때문이었을 것이다.

이런 경험 때문에 더 폐쇄적이었는데 최근에는 이것에 대한 각성의 목소리가 나오고 있어서 부분적으로 또는 낮 동안 기도실을 개방하는 교회가 많아졌다. 교회의 개방성, 마을 목회의 필요성이 붉어지고 있기는 하지만 현실적인 문제가 있으므로 그것이 쉽지만은 않다.

물론 농어촌 교회나 소도시의 경우는 다를 수 있다. 인구 밀도가 낮고 주차 공간이 비교적 넓은 곳에는 이런 문제가 없다. 주민들이 모두 다 서로서로 알고 있는 곳에서는 예배당 폐쇄를 하지 않는 교회들도 많다.

최근에는 마을 목회를 하는 교회들이 많아지면서 지역 주민과 친해지고 교회에 대한 이미지도 개선되는 경우가 많아지고 있다. 교회도 마을 일부로 같은 공동체처럼 시설을 공유하고 물건을 공유하고 필요한 교육을 하면서 지역으로 목회의 영역을 확장하고 있다. 하지만 수도권 교회들의 공간은 완전 개방을 하는 것에 주저하고 있다.

교회를 어디까지 개방해야 하고 무엇을 개방해야 할까?

2) 아이들의 공간 개방

세 교회는 모두 아이들의 공간을 지역 아이들에게 개방하고 있다. 김포 두란노교회는 놀이방, 교회학교의 각 예배실, 카페, 여름에는 마당에 설치하는 수영장 등을 개방하고 있다. 개를 데리고 산책하는 주민들을 위해 분비물을 처리할 수 있는 물품까지 갖춰 놓고 있다. 논산 한빛교회는 풋살장과 트램플린, 성경 카페 등을 주중에 지역 아이들에게 개방하고 있다. 그리고 부산 함께하는교회도 놀이시설과 공부방을 아이들에게 개방하고 있다.

이 교회들은 교회시설에 대한 개방 효과를 어느 정도 보고 있다. 일단 교회시설을 개방함으로써 교회를 다니지 않는 사람들이 교회에 오게 되고 지역에서 좋은 이미지를 구축하고 있다. 물론 좋은 이미지

형성이 교회 개방과 관련되어 있는지는 확실하지 않다. 하지만 지역 주민들에게 교회 공간을 사용하게 한다.

    개신교에 대한 일반 국민의 이미지는 천주교나 불교보다 부정적이다. 엠브레인 트렌드모니터가 2020년 7월 17일에 실시한 '종교(인) 및 종교인 과세 관련 인식 조사'에서 일반 한국 사람들이 교회에 대해 가지고 있는 이미지를 조사했었다. 그 결과에 의하면, 일반 국민이 교회에 대해 가지고 있는 이미지는 '거리를 두고 싶은'(32.2퍼센트), '이중적인'(30.3퍼센트), '사기꾼 같은'(29.1퍼센트), '이기적인'(27.3퍼센트), '배타적인'(23.0퍼센트), '부패한'(22.1퍼센트)으로 나타났다.

    이것은 불교에 대한 이미지, '온화한'(40.9퍼센트), '절제하는'(32.0퍼센트), '따뜻한'(27.6퍼센트)과 천주교의 '온화한'(34.1퍼센트), '따뜻한'(29.7퍼센트), '윤리적인'(23.0퍼센트)과는 대조적인 결과였다. 개신교에 대한 이미지는 다 부정적이었는데 불교와 천주교는 긍정적인 이미지를 가지고 있었다.

    이런 일반적인 시선에도 불구하고 세 교회가 지역 사회에서 긍정적인 이미지를 가지고 있는 이유는 지역 사회에 대한 개방성도 일조하고 있는지도 모른다. 이 세 교회는 교회 문이 항상 열려있고 시설물 사용이 자유로우며, 다행인지 불행인지 적어도 주차와 관련된 문제가 생길 수 없는 위치에 자리하고 있다. 세 교회 모두 거주지와는 좀 떨어진 곳에 있으므로 인근 주민들이 굳이 거기에 주차할 일이 별로 없다. 세 교회 모두 아이들의 시설물을 개방하고 있었고 그것 때문에 교회에 온 아이들도 있었다.

긍정적인 이미지는 개신교 개종의 가능성과 전혀 무관하지는 않다. 한국교회탐구센터가 실시한 '새신자 신앙생활 탐구조사'에 따르면, 2016-21년 사이 사람들이 개신교로 개종한 이유는 '지인의 전도로 교회를 찾았다'(75.5퍼센트)가 가장 많았다.

그리고 24.5퍼센트는 '자발적으로 교회에 출석했다'라고 대답했는데, 자발적 새신자의 교회 출석 계기를 분석한 결과 '예전에 교회 다녔던 경험이 있는 기억이 나서'(24.1퍼센트), '특별한 계기 없이'(22.3퍼센트), '본받을 만한 훌륭한 인격을 가진 크리스천을 보고'(19.6퍼센트), '교회가 사회를 위해 좋은 일을 하는 것을 보고'(8.9퍼센트), '설교 방송/책을 보고'(8.9퍼센트), '다른 사람의 간증을 듣고/간증 서적을 읽고'(6.3퍼센트), '전도지를 받아 보고'(2.7퍼센트), '전도용/집회 안내 현수막을 보고'(1.8퍼센트)로 나타났다.

자발적으로 교회에 오는 사람들 4명 중 1명은 교회를 다녔던 사람들이었다. 8.9퍼센트가 교회의 이미지 때문에 교회에 왔다고 답했지만 특별한 계기 없이 온 사람에게도 교회의 이미지는 중요한 역할을 할 수 있을 것으로 생각된다. 교회에 대한 긍정적인 이미지는 어떤 사람에게는 개종의 중요한 요인이 될 수 있다.

우리 교인 중에도 어떤 사람은 인생의 힘든 순간에 '교회에 오면 평안을 얻을 수 있고 그 문제가 해결될 것 같아서 왔다'고 한 사람이 있다. 외국에서 몇 년 동안 살았을 때 그 사람 주위에 개신교인들이 많았는데 그 사람은 그때 '언젠가 힘들면 교회로 가야 하겠다'라고 생각했다고 한다.

사람에 따라 한 종교와 그 종교 신자들에 대한 이미지가 개종에 영향을 미치기도 하는 것 같다. 그런 측면에서 보면 어릴 때 교회에서 놀았던 행복한 이미지는 아이에게 긍정적으로 영향을 미칠 것 같다. 그래서 주일에 반드시 교회를 나오지 않아도 교회 안에서 놀면 언젠가 교회에 돌아올 수 있는 씨앗을 뿌리는 것일 수 있다고 생각하면 그것도 나쁘지 않다. 교회 개방이 아이에게 공간에 대한 기억을 심게 되는 계기가 될 테니까 말이다.

이 부분은 많은 목회자가 이미 고민하고 있고 어쩌면 하나 마나 한 이야기일 수 있겠지만, 인터뷰하면서 시설물을 사용하다가 교회를 다니게 되었다는 사람들을 몇 명 만나고 나니 이런 추측이 영 허망한 것은 아니라고 확신했었다. 교회에 오다가다 하면서 예배를 드리게 되는 사람들이 실제로 있었다.

7. 재미, 따뜻함, 신앙

1) 재미, 따뜻함, 신앙의 역학 관계

한 달 전에 각각 다른 곳에서 70대인 두 분의 권사님을 만났다. 한 분은 얼마 전 이사를 하신 분인데 지역을 옮기셔서 교회를 새로 찾으셔야 했다. 그 지역에 아들이 살고 있어서 아들이 다니고 있는 교회에 갔는데 다른 교회에 가고 싶다고 하셨다. 아들이 다니는 교회는 젊은 층은 많은데 70대 이상의 교인이 없다는 것이다. 그분은 그분이

다닐 만한 교회가 있는지 물으셨다. 어떤 교회를 원하시냐고 묻자 당신 나이 또래의 친구가 있는 곳이었으면 좋겠다고 하셨다.

다른 권사님은 수도권의 규모가 있는 교회를 오랫동안 다니고 계셨는데 이제 교회가 재미가 없다고 하셨다. 그 권사님이 다니시는 교회에는 70대 노인들을 위한 게 아무것도 없다고 하셨다. 봉사하는 것도 부서에서 달가워하지 않고 그렇다고 프로그램이 있는 것도 아니라고. 주일에 예배만 드리고 일주일에 한 번 만난 친구 권사님들과 교회에서 식사하시는 게 다라고 말이다. 그래서 그분은 최근 같은 교회를 다니시는 다른 3분과 채팅 그룹을 만들어서 기도 제목을 나누고 일주일에 한 번 식사하시기로 했단다. 교회가 해 주지 않으시니 자체적으로 모임을 만드셨다.

두 분 다 오랫동안 교회를 다니셨고 꽤 많은 봉사를 하시면서 교회 생활을 활발하게 하셨다. 기도 모임도 열심히 다니시고 모든 예배도 다 다니시고 말이다. 그런데 코로나를 지나면서 예배도 일주일에 한 번 참석하시고 나이가 들면서 봉사를 하실 수 없게 되었다. 일주일에 한 번 예배만 참석하시게 된 것이다. 예배를 다 참석하신다고 해도 그냥 말 그대로 예배만 참석하시게 되었다.

이 두 분은 교회가 더 이상 재미가 없으시다고 하시면서 가고 싶지 않으시다고 하셨다. 오랫동안 신앙생활을 했기 때문에 예배를 드리기는 해야 하지만 그렇다고 옛날만큼 교회가 재미있거나 교회에 대한 애정이 많지는 않으시다고 말이다. 어떤 분들에게 교회는 예배만 드리러 가는 곳은 아닌 것 같다.

이런 분들은 교회에서 다른 것을 하고 싶으신 건데 그분들은 뭘 하시고 싶으신 걸까?

교육을 받고 싶으신 건가?

위의 권사님들은 그분들을 위한 프로그램을 참석하시면서 거기서 만나는 사람들과 친교 하는 것을 원하시는 것 같다. 그분들이 말씀하시는 재미란 그런 게 아닐까 생각했다.

어쩌면 그분들의 말씀처럼 신앙생활을 오래 한 어른들도 예배드리고 영적인 생활만 하기 위해 교회에 가는 것이 아닌 게 맞는 것 같다. 어른들도 교회에서 재미와 따뜻함을 느끼고 싶어 한다. 그렇게 생각하면 재미, 따뜻함, 신앙은 그렇게 분리된 게 아닌지도 모르겠다.

그분들이 느끼는 것을 다른 사람들도 느낀다면, 역으로 교회가 재미있고 그 속에서 따뜻함을 느끼면 신앙생활에도 더 열심을 내게 된다는 말일 수도 있다. 재미가 있고 따뜻함을 느끼면 더 자주 교회에 가게 되고, 교회에 가면 한 번 더 기도하게 되고 한 번 더 예배드리게 되니까 말이다.

2) 재미, 따뜻함, 신앙이 있는 교회학교

그런데 이게 교회학교 아이들도 동일한 욕구가 있다. 교회학교도 일단은 재미있어야 한다. 처음 교회에 오는 아이들이 교회를 다시 오는 이유는 재미있어서이다. 심지어 모태 신앙인들인 교인들의 자녀들도 재미가 없으면 학년이 올라가면서 교회를 이탈한다. 그래서 교회학교는 재미와 신앙을 동시에 생각해야 한다. 세 교회의 교회학교가 성공한 원인은 말할 것도 없이 이 세 가지 요소를 잘 혼합했기 때문이다.

세 교회에서 평신도들을 만나면서 거듭 들었던 말은 아이들 입에서 그리고 부모들 입에서 '교회가 재미있다'라는 말이 많이 나온다는 것이었다. 아이들은 신나고 재미있어야 그다음이 가능해진다. 어떤 분은 신앙생활에 중점을 두고 기도하고 성경을 암송하게 하면서 신앙이 생기게 만들면 아이들이 교회를 오게 된다고 하신다. 그런데 그렇게 되면 교회학교에 정착할 아이들이 정말 소수일 것 같다.

모든 연령대를 떠나 한 교회에 정착하는 이유는 그 교회가 재미있거나 의미가 있거나 좋은 사람들이 있거나 뭔가 가야 하는 이유가 있어서이다. 이런 이유 중에 단지 아이들이 조금 더 예민한 부분이 재미일 뿐이다.

어른도 교회가 재미가 있고 따뜻함이 느껴져야 그다음에 신앙을 찾게 되는데 아이들한테 신앙을 먼저 요구하는 것은 뭔가 잘못된 생각일 수도 있다. 아이든 어른이든 상관없이 교회는 재미와 따뜻함과 의미가 있어야 한다. 재미와 따뜻함은 신앙의 외적인 부분이다. 많은 사람은 영적인 것만을 위해 특정한 '그' 교회에 가지 않는다. 예배만 드리면 된다고 생각하는 사람들은 등록하지 않는 경우도 많다. 그런데 아이들의 경우 예배만 드리기 위해 교회에 가는 아이들은 거의 없다.

그리고 따뜻함과 관심도 아이들에게는 중요한 요소였다. 이 세 교회의 교회학교 봉사자들은 너무 많은 정성을 들이고 있었다. 시간을 내서 아이를 만나고, 대화하고, 아이를 가르칠 뭔가를 준비하고, 자신의 사비를 쓰고. 전국에 있는 모든 교회학교 선생님들이 그렇겠지만 이분들은 더 많은 정성을 쏟고 있었다.

오죽하면 아이들이 교회학교를 졸업하기 싫어서 울었을까 싶다. 논산 한빛교회 아이들이 그랬다고 한다. 아이들도 선생님들이 쏟고 있는 사랑과 정성을 느껴서일 것이다. 논산 한빛교회 외에도 사실 전국에 있는 교회에서 아침 일찍 일어나 교회학교에서 봉사하는 모든 평신도 선생님들은 존경받아야 한다. 한갓지게 보낼 수 있는 주일 아침을 포기하고 와서 아이들을 만나고 있는 것만으로도 감사한 일이니까 말이다.

이 세 교회를 보면서 다시 확인한 것은, 교회학교는 재미와 따뜻함이 있어야 하고, 그 위에 신앙을 심을 수 있다는 것이었다.

8. 지역성

1) 교회학교 부흥 원리

교회학교 부흥 원리가 수학처럼 딱 떨어지는 공식이 있다면 참 좋을 것 같다. 하지만 교회학교의 부흥은 그렇게 명확하게 떨어지지 않는다. 이 교회에서 성공했던 원리가 저 교회에서 반드시 성공하지는 않는다.

목회를 해 보면 교회마다 상황이 다르고 사람이 다르므로 동일한 원리나 프로그램이 부흥을 장담해 주지 않는다는 것을 경험으로 알게 된다. 목회는 현장성, 지역성, 시대성을 배제할 수 없다.

가령, 여의도순복음교회가 1960-80년대에 폭발적으로 성장했던 것은 그 당시 시대적, 문화적, 지역적 특성을 잘 살렸기 때문이기도

하다. 그때는 한국 경제가 폭발적으로 성장하던 시기였다. 한국은 농업 국가에서 산업 국가로 전환하면서 젊은 청년들이 대거 서울로 올라왔다. 청년들이 상경하게 되면 혼자가 되었다. 그 당시 한국인들의 정서와 맞지 않는 상황이 벌어진 것이다. 그때는 친족 같은 마을 공동체와 대가족 문화가 자연스러운 것이었다. 한국 가족들은 몇 대가 함께 살았다.

하지만 젊은 청년들은 직장 때문에 서울에 오면 가족들과 떨어져 살아야 했고 이전과 다른 문화에 적응해야 했다. 여의도순복음교회의 부흥은 여러 요소의 복합적 작용이었지만, 폭발적 성장의 중요한 요소 중 하나가 소그룹 때문이기도 했다. 소그룹은 가족 공동체, 마을 공동체를 대신할 수 있는 대체재였다. 물론 이 한 요소 때문에 교회가 부흥했다고 할 수는 없지만, 분명히 교회를 부흥시켰던 중요한 요소였다.

사람들은 공동체에 대한 욕구를 교회를 통해 일부 해소한 것이다. 그 때문에 많은 교회가 소그룹이나 구역 모임을 만들었다. 하지만 우리가 잘 알고 있는 것처럼 모든 교회의 소그룹이나 구역 모임이 성공적이지는 않다. 지역과 문화, 교회의 분위기와 같은 전반적인 환경이 여의도순복음교회와 다르기 때문이다. 어떤 교회를 성공시킨 요인이라고 하더라도 그것이 특정한 현장에서 변형 적용되지 않으면 극적인 효과를 기대하기가 어렵다.

세 교회의 교회학교 성공 이야기는 이 생각을 뒷받침해 준다. 어느 교회도 같은 프로그램이 있지 않다. 그리고 전도 전략도 다 다르다. 중점을 두는 포인트도 다르고 어떤 가치를 실현하는 방법도 다르다. 그런데 이 교회들은 그 지역에서 성장했다. 이 교회들의 교회학교가 성장한 요인 중 하나는 지역성을 고려했기 때문이다.

2) 지역성을 고려한 목회

논산 한빛교회 이야기에서 시작해 보자. 논산 한빛교회는 다른 두 교회와 좀 다른 차별성이 있다. 논산 한빛교회는 특별한 프로그램을 진행하거나 거창하고 난이도 높은 프로그램으로 성공한 교회가 아니다. 재정을 엄청나게 투자해서 부흥을 하는 교회도 아니다. 재정은 그 규모의 다른 교회들이랑 차이가 없다. 한빛랜드 같은 전도 축제를 할 때 많은 예산이 필요했지만, 다른 많은 교회도 기도하면서 도움을 요청하면 그런 행사를 진행할 수 있다.

그러면 한빛교회가 성장한 요인이 무엇일까?

무엇보다 한빛교회는 논산이라는 지역적 특성을 잘 고려했다. 논산은 인구도 작고 아이들도 상대적으로 작은 지방이다. 지방은 아이들을 위한 인프라가 더 적고, 작은 동네 같은 느낌을 만들 수 있다. 수도권 같은 경우, 근처에 살아도 같은 동네 주민이라는 공동체 의식은 거의 없다. 이사하는 사람들도 많고 모두 다 각자 살기 때문에 그런 공동체 의식이 만들어지기가 힘들다.

수도권의 아파트 문화는 개별적이다. 수도권 교회에서 한빛랜드같은 행사를 한다고 해도 일부 그 지역 초등학교나 아파트에 소문이 날 뿐이다. 서울 강동 광나루에 사는 아이가 강서에 있는 방화 저 끝 교회에 한빛랜드 같은 행사가 있다고 찾아가는 일은 드물 것이다. 하지만 논산은 한빛랜드를 하면 논산 시내에 소문이 다 퍼질 수 있는 소도시이다. 아마도 한빛랜드는 논산 시내에 소문이 많이 났을 것이다. 홍보도 많이 했겠지만 도시 규모가 영향을 미치지 않을 수 없다.

한빛교회가 했던 전도 프로그램도 굉장히 적극적이고 진취적인데, 공원이나 초등학교 근처에서 하는 전도가 전국에 있는 모든 교회에서 가능하지는 않다. 일단 초등학교 근처에 공원이 있는 곳도 제한적이고 아이들이 모여있는 공원을 찾는 것도 쉬운 일이 아니다. 지역에 따라 다르다.

김포 두란노교회가 입지가 좋은 다른 종교 부지를 두고 굳이 공원 옆 종교 부지를 선택한 것도 공원 때문이라고 했다. 유사한 맥락인지도 모른다. 논산은 교회에 온다고 하면 시내 전역에서 픽업할 수 있는데 수도권은 거의 불가능하다.

한빛교회에서 하는 성경 카페는 참 좋은 공간인데 이에 대한 것도 지역에 따라 다른 반응이 나타날 수 있다. 수도권에 사는 아이들은 동네 도서관을 가도 친구와 함께 가는 아이들보다 부모와 동행하는 경우가 많다. 아이들이 서로서로 집을 방문할 때도 엄마들과 동행한다. 같은 공간에서 엄마들은 자기들끼리 아이들은 자기들끼리 놀다가 헤어진다. 아이들끼리 다니는 경우는 엄마가 교인이라서 교회 공간을 믿고 있고 거기에 아는 교인들이 봉사를 하는 경우만 가능할 것 같다.

논산에 아이들은 아이들이 성경 카페를 더 쉽게 왔다 갔다 하는데 수도권은 더 오랜 시간 신뢰와 홍보를 해야 할지도 모른다. 성경 카페도 논산이기 때문에 더 많은 아이가 더 편하게 엄마 없이 자기들만 올 수 있다. 수도권은 그 지역에 맞게 개방 시간이나 환경을 조절해야 할지도 모른다.

논산 한빛교회가 다른 두 교회와 다른 것은 교인 자녀 비율과 비교인 자녀 비율이다. 보통 수도권 교회학교는 교인 자녀들이 대부분이다. 그런데 논산 한빛교회는 50:50 정도이고 아이들이 시간을 쓰는 방식도 더 많은 자유가 허용되고 있는 것 같다. 아직은 '동네' 같은 분위기가 남아 있는 듯한 느낌이다. 동네에서 아이들과 놀 수 있는 분위기가 수도권보다는 조금 더 자유로운 것 같다.

김포 두란노교회나 부산 함께하는교회는 아이들이 이렇게 자유롭게 올 수 있는 동네 교회 같은 분위기는 아니다. 김포 운정동은 신도시이다. 그렇다 보니 젊은 사람들이 많고 젊은 엄마들은 아이들과 항상 함께 다닌다. 대부분 말이다. 그래서 김포 두란노교회는 부모에 더 신경을 많이 쓴다. 수도권은 많은 부모가 아이들과 같이 움직이기 때문이다.

아이를 교회에 보낼 때도 부모가 보통 같이 움직이거나 다른 가족, 아는 친척, 엄마가 아는 다른 아이의 엄마와 함께 보내는 경우가 많다. 아이가 혼자 교회에 오는 경우는 드물다. 김포 두란노교회는 수도권 젊은 부모들의 육아를 잘 이해하고 있는 것 같다. 그래서 부모에게 감동을 주고 부모의 마음을 움직이는 방법을 생각한다. 무료 카페는 그런 맥락에서 운영하는 곳이다. 아이가 옆에 있는 공원에서 놀 동안 부모가 쉴 수 있는 공간인 카페는 무료이고 교인들이 있다. 교인들은 놀러 온 아이 엄마를 카페로 초대한다. 놀이방 안에도 부모를 위한 작은 티-테이블이 마련되어 있다.

김포 두란노교회는 신도시에 있으므로 몇 년 동안 새 아파트로 이주한 사람들이 많고 새 아파트의 입주자들은 교회를 찾아야 하는 사람들이 많다. 버스 정류장 광고가 좋은 홍보물이 될 수 있었던 것은 이런 이유 때문이다. 교회를 찾아야 하는 사람들을 위한 효과적인 전도 전략이 되었다. 신도시 교회들은 보통 구도심에 있는 교회들보다 교회 성장 면에서 유리한 측면이 있다. 소위 말하는 신도시 효과를 기대할 수 있다.

그렇다고 해도 신도시의 모든 교회가 성공하는 것은 아니다. 그래서 김포 두란노교회의 부흥을 과소평가할 수 없다. 김포 두란노교회는 김포 신도시에 맞는 광고로 홍보를 극대화한 것이다. 교회학교의 성장도 수도권 안에 있는 신도시 교회의 특성을 고려했기 때문에 가능했다.

한편 부산 함께하는교회는 대도시지만 구도심에 있는 교회이다. 특이한 점은 다른 교회들과 달리 거주지에 있지 않다는 것이다. 함께하는교회는 다른 곳에서 개척했었고 교회 예배당을 세 번 옮겼다. 그 사이 교회는 계속 성장하고 있었다. 교회를 외딴곳으로 이전했지만 함께하는교회의 장점으로 인해 기존 교인들이 이탈하지 않았다.

함께하는교회는 '복음 전에 마음의 치유'에 초점을 둔 교회이다. 황동한 목사의 말대로 상담의 원리를 목회에 접목해 성공한 교회라고 할 수 있다. 황동한 목사는 이렇게 생각했다.

> 교회학교는 부모와 관련이 있고 부모의 상처가 회복되지 않으면 부모가 하나님을 만날 수 없고 아이들은 그 부모에게서 계속 상처를 받는다. 결국, 아이들이 대부분 시간을 보내는 가정이 제대로 회복되지 못하면 아이들도 제대로 신앙 안에서 성장할 수 없다.

인구가 많은 대도시이기 때문에 이런 특징이 교회를 돋보이게 한 것인지도 모른다. 상담적 목회 원리로 특화된 교회라는 이미지로 말이다. 이런 전략은 인구가 적은 지역보다 더 잘 먹혔을 것이다. 인구가 적은 도시에서도 입소문이 나면 어느 정도 사람이 모였겠지만 더 적었을 것이다. 하지만 함께하는교회는 부산 시내 전체 인구를 기반으로 한다. 부산 지역 안에서 필요를 느끼는 사람들이 한 명씩 오면서 어느 정도 규모의 교회가 된 것이다.

아이들이 좋아하는 다양한 활동과 시설은 교회가 먼 곳에 있어도 아이들이 교회에 오고 싶은 마음이 들게 했을 것이다. 함께하는교회는 대도시에서 상대적으로 땅이 싼 외곽에 교회를 세웠기 때문에 더 많은 땅을 확보했고 도시 안에 있을 때보다 교회를 더 크게 지을 수 있었다. 그래서 아이들을 위한 시설에 더 많은 공간을 배치할 수 있었다. 대도시 교회들은 주차 공간과 건축법으로 인해 층수나 공간 활용에 제한을 받을 수밖에 없는데, 함께하는교회는 다른 교회보다 더 자유로운 공간을 마련할 수 있었다.

교회는 주거지와 멀리 떨어져 있는 대신 아이들이 하고 싶은 활동을 함으로써 자발적으로 오고 싶은 마음을 만들었다. 아이들은 가정이나 학교에서 할 수 없는 신나는 활동을 교회에서 해 주기 때문에 올 수밖에 없게 된다. 이런 활동들은 반드시 돈이 많거나 예산이 많이 드는 것은 아니었다. 도시에 사는 아이들이 원하는 것을 교회가 시간과 정성을 들여 한 것이다. 강원도 한적한 곳에 늘 별이 총총하게 떠 있는 곳에서 별 보러 가는 것은 특별한 일이 아니다. 하지만 별 볼일이 없고 별이 잘 보이지도 않는 도시에서 별을 보러 가는 일은 특별한 일이 된다. 아이들에게 그것은 추억이 된다.

　세 교회의 교회학교는 각 교회가 위치한 곳에서 효과적인 방법들을 사용하고 있다. 전도나 프로그램이나 교회 분위기나 교육이나 활동을 교회의 상황과 형편에 따라 그들만의 방법으로 풀어냈다. 지역성을 고려한 교회학교 목회다.

　사실 모든 목회자는 어떤 특정한 현장에서 목회할 때 이 부분을 고려하지 않을 수 없다. 모두 시도한다. 하지만 그 지역에 맞는 것을 잘 찾을 수 있는 능력은 경험과 실력이 필요하다. 다양한 것을 보고 듣고 우리 교회에 적용해 보고 실패해 보고 찾는 과정이 목회하는 과정일 테니까 말이다.

　이 책에서는 세 가지의 예들을 제시했다. 각 지역에서 쓴 방법들을 생각해 보면서 조그마한 것이라도 통찰을 얻게 되길 기대해 본다.

어린이 교육과 전도(개정 증보판)

박영호 지음 / 신국판 / 312면

한국교회의 미래와 세계선교가 '어린이 교육과 전도'에 달려 있다. 이 책은 영국어린이전도협회의 '교사양성훈련교재와 강의' 내용을 간추리고 많은 책을 참조하여 교사들의 실정에 조금이나마 도움이 되도록 임시로 꾸며 보았다. 이 책의 내용 중 일부는 「기독신보」에 "어린이 전도와 내일의 교회"라는 제목으로 40회에 걸쳐 약 1년 동안 연재했던 것을 보완한 것이다.